**꼭 알아야 할
김영란법
핵심 가이드**

꼭 알아야 할 김영란법 핵심 가이드

펴 낸 날 | 2016년 12월 1일 초판 1쇄

지 은 이 | 이철우
펴 낸 이 | 이태권
책임편집 | 박송이
편　　집 | 박솔재
책임미술 | Copyroom
펴 낸 곳 | (주)태일소담
　　　　　서울특별시 성북구 성북로8길 29 (우)02834
　　　　　전화 | 745-8566~7　팩스 | 747-3238
　　　　　e-mail | sodam@dreamsodam.co.kr
　　　　　등록번호 | 제2-42호(1979년 11월 14일)
　　　　　홈페이지 | www.dreamsodam.co.kr

ISBN 979-11-6027-006-8 03300

이 도서의 국립중앙도서관 출판시도서목록(CIP)은 서지정보유통지원시스템 홈페이지
(http://seoji.nl.go.kr)와 국가자료공동목록시스템(http://www.nl.go.kr/kolisnet)에서
이용하실 수 있습니다.(CIP제어번호: 2016028013)

• 책값은 뒤표지에 있습니다.
• 잘못된 책은 구입하신 곳에서 교환해드립니다.

꼭 알아야 할
김영란법
핵심 가이드

이철우 지음

소담출판사

들어가는 말

「부정청탁 및 금품 등 수수의 금지에 관한 법률」, 일명 '김영란법'이 2016년 9월 28일 자로 시행되었습니다. 2011년 6월 14일 국무회의에서 가칭 '공직자의 청탁수수 및 사익추구 금지법'으로 논의가 시작된 이래, 국가권익위원회에서 '부정청탁 금지 및 공직자의 이해충돌 방지법'으로 마련되었고, 같은 해 10월 18일 제1차 공개 토론회가 개최된 후 약 5년간 준비한 끝에 상당 부분 수정을 거듭해 드디어 시행된 것입니다. 정식 명칭이 너무 길어서 번거로우므로 이 책에서는 정식 약칭인 '청탁금지법'을 사용합니다. '김영란법'이라는 명칭은 정식 약칭이 아니지만 널리 알려져 친숙한 이름이므로 각 항목의 타이틀에서만 사용하기로 합니다.

실제로 돈이 오가지 않더라도 부정한 청탁만으로도 처벌하고, 직무 관련성이 없더라도 공직자의 금품 수수를 처벌한다는 것은 전통적인 법률 관점에서 보면 아주 이례적으로 포괄적인 일입니다. 또한 우리 일상에서 빈번히 발생하는 사소한 행위들까지 규제한다는 점에서 매우 강력한 법으로 보입니다.

특히 청탁을 하고 금품을 제공하는 일반인까지 함께 처벌하고,

임직원이 저지른 위반 행위에 대해서 해당 기업이나 사업주까지 함께 처벌하는 '양벌규정'이 있다는 점, 그리고 양벌규정에 의한 처벌이 장래 기업 활동이나 브랜드 가치를 좌우하고 국가나 지방자치단체와의 여러 거래 관계에 크게 영향을 미칠 수도 있다는 점을 염두에 둔다면 청탁금지법은 앞으로 우리 생활과 사회 활동에 크게 영향을 줄 수밖에 없습니다.

김영삼 대통령 재임 당시인 1993년, 대통령 긴급 명령으로 시행된 금융실명제는 우리 사회에 크나큰 파장을 일으켰습니다. 그러나 금융실명제 시행 당시 경제가 망가질 것이라는 우려는 괜한 걱정이었음이 확인되었고, 금융실명제는 경제 양성화와 경제 발전의 또 다른 축이 되었습니다. 이런 측면에서 청탁금지법은 금융실명제 이래 가장 사회적 파장이 큰 법률입니다. 첫 시행 시기인 지금 자영업자들의 영업 악화나 공직자 등의 복지부동, 혹은 일시적인 심리적 위축 현상이 나타나기도 하고 있으나 시간이 지나면서 청탁금지법은 우리 사회의 청렴도를 높여주는 기둥으로 자리매김할 것입니다.

우리나라 경제 규모는 이미 세계 10위권에 들었습니다. 그러나 우리가 더욱 경쟁력을 길러 세계 초일류 국가 브랜드를 만들지 않고는 더 이상 성장과 발전을 기대하기 어렵습니다. 청탁금지법은 우리나라의 브랜드를 최고 수준으로 도약시키는 데 든든한 발판이 되어줄 것입니다.

청탁금지법에 대해 많은 이들이 부정적 인식을 갖는 데는 법이라는 용어가 가진 딱딱한 이미지, 국민권익위원회라는 권력기관이 주관 부서로 전면에 나선 분위기가 영향을 주었다고 볼 수 있습니다. 또한 법이라는 것은 아무래도 규제와 처벌 위주로 만들어지다 보니, 청탁금지법에서 금지하는 행위 유형과 신고 조항만이 부각되는 측면도 한 원인이 된다고 생각합니다.

이에 이 책에서는 청탁금지법을 국가나 법 집행기관인 국민권익위원회의 관점에서 내려다보는 것이 아니라, 반대 측에 있는 공직자 등과 일반 국민 및 기업 입장에서 이해하고 살펴보고자 했습니다. 공직자 등과 일반 국민 그리고 기업 입장에서 청탁금지법을 이해하고 분석한 뒤, 이에 대한 실용적인 지침을 마련해 담았습니다. 청탁금지법을 주제로 강의를 다녀보니, 이 법이 생활 속 많은 부분들을 포괄적으로 금지하기만 하는 부정적인 법이라고 오해하여 피로감을 느끼는 분들이 생각보다 많았습니다. 그래서 저는 오히려 우리 사회를 건전하고 청렴하게 만드는 좋은 법임을 널리 알리는 일의 필요성을 절실히 느꼈습니다. 부디 많은 국민들이 청탁금지법을 보다 쉽게 이해하고 즐거운 마음으로 받아들였으면 하는 마음으로 이 책을 준비했습니다. 자, 그럼 시작합니다.

변호사 이철우

목차

1 김영란법은
   결코 포기하지 않는다   11

2 김영란법은
   우리 모두가 적용받는다   21

3 정당한 청탁은
   처벌하지 않는다   33

4 금품이 오가면
   무조건 처벌받는다   51

5 처벌은
   이것이 전부이다   71

6 임직원이 잘못하면
   기업도 처벌받는다   85

7 신고자는
   불이익 없이 보호받는다   91

8	란파라치로 돈을 벌 수도 있을까?	101
9	네 가지만 조심하자	111
10	컴플라이언스란 무엇인가	121
11	기업은 무엇을 해야 하나	137
12	김영란법 10계명	147
13	알쏭달쏭 질의 62선	161
14	사례 연구 29선	189

1

김영란법은
결코 포기하지 않는다

✓

국민의 눈높이에 맞추어 제정된 국민의 법, 청탁금지법!

청탁방지법은 대한민국 헌법에서 언급하고 있는 바와 같이 우리나라의 '사회적 폐습과 불의를 타파'하여 '부정부패를 없애고 투명하고 청렴한 대한민국을 만들기 위한 목적'에서 제정되었습니다.

그동안 우리나라는 전 국민적 노력으로 빠른 경제 성장을 거듭하여 경제 규모는 세계 10위권에 들어섰으나 2015년 세계경제포럼WEF에서 발표한 공공부문에 있어서 국가경쟁력은 26위에 올라 있으며 국가경쟁력을 저하시키는 요인인 비정상적인 지급 및 뇌물은 46위, 공공자금 전용은 66위입니다. 특히 정책 결정의 투명성은 123위로 매우 저조하여 거의 후진국 수준임을 알 수 있습니다. 국가경쟁력에 비해 공공부문 청렴도는 상대적으로 낮은 평가를 받고 있습니다. 민간부문에서도 국가경쟁력은 29위에 올라 있으나 기업 효율성은 48위, 경영 관행은 61위로 우리나라의 국가경쟁력을 떨어뜨리는 주요 요인입니다. 또한 공공부문에서와 마찬가지로 청렴

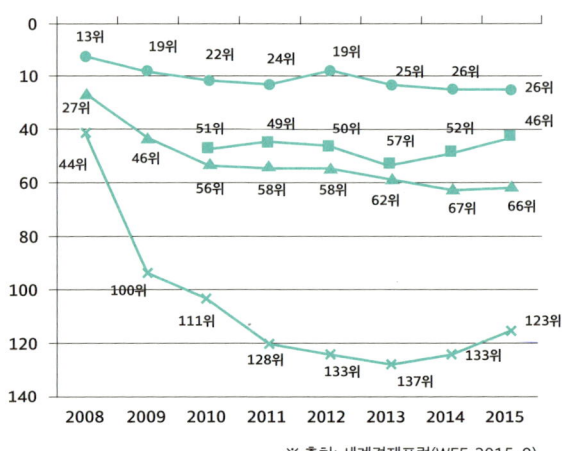

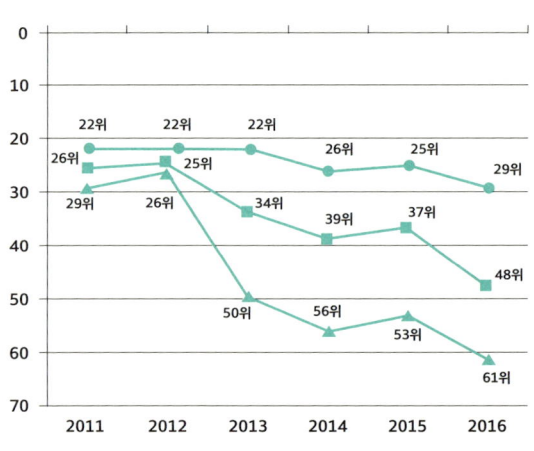

도가 취약한 것을 알 수 있습니다. 2015년 국제투명성기구TI에서 내놓은 우리나라의 부패인식지수는 100점 만점에 56점으로 168개 국가 중 37위입니다. 상대적으로 저조한 수치지요. 국가경쟁력 유지 및 향상에 큰 장애물입니다. OECD 뇌물방지협약, UN 글로벌 콤팩트, UN 반부패협약, G20 반부패행동계획, 사회적책임 국제표준 등 여러 가지 조약이나 선언문 등으로 국제적인 반부패 노력이 지속되고 있으며 경제 규모나 국제적인 역할 등에 비추어 봤을 때

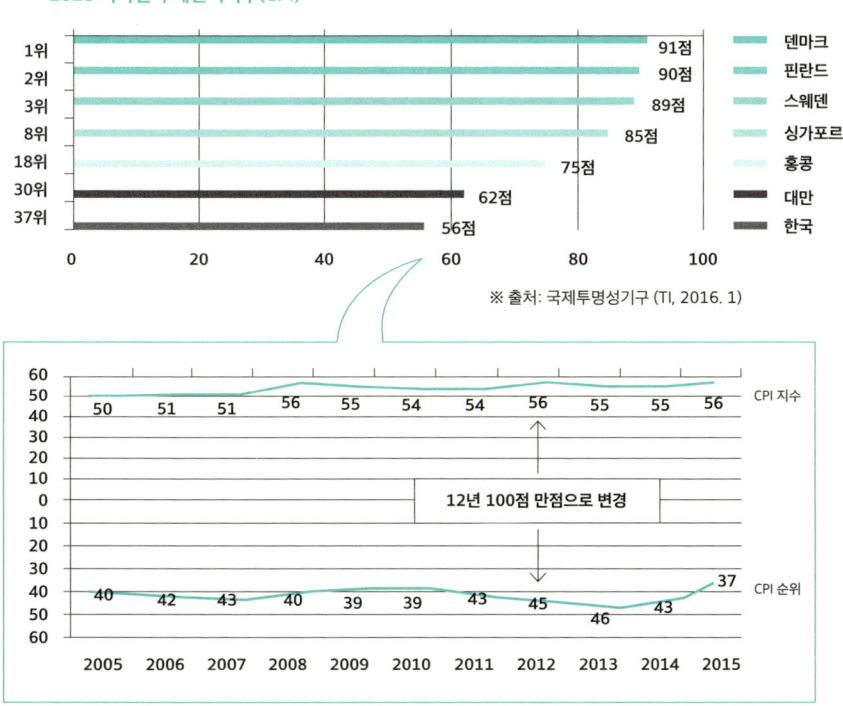

우리나라도 국제사회의 일원으로서 의무를 이행하려면 국제적인 반부패 노력에 동참하는 것이 당연한 것으로 받아들여집니다.

하지만 우리나라의 국민 인식도를 조사해보면 재미있는 결과가 나옵니다. 2015년 국민권익위원회에서 '공직사회에 대한 부패 인식 수준'을 주제로 벌인 조사에 따르면, 일반 국민들 중 "공직사회는 부패하다"라고 답을 한 사람의 비율이 57.8%인 데 반해, 공무원 중에서 "공직사회는 부패하다"라고 답을 한 비율은 3.4%에 머문 것으로 나타났습니다. 일반 국민들과 공무원들의 인식 차이가 꽤나 크지요?

이러한 인식의 차이는 결국 벽을 세우게 됩니다. 국민들은 공직사회가 부패했다고 생각하는데, 정작 공직자들 스스로는 부패하지 않았다고 생각하니 시정할 수가 있겠습니까? 공직자들은 이해관계인들과의 지연 혹은 학연 등으로 함께 식사를 하고 골프를 치고 해외여행을 가는 등의 과정에서 얼마간의 편의를 제공을 받았다 하더라도, 자신의 공직 업무에 대해서는 정당하게 업무를 진행해왔다고 자위합니다. 그러나 일반 국민과 기업, 혹은 다른 이해관계인에게 그 모든 편의 제공은 부정부패의 고리로 보입니다. 이는 이와 같은 편의 제공이 순수하게 받아들여지지 않으며 공직 업무 수행에 있어서 공정성을 인정받을 수 없다는 뜻입니다.

그렇게 볼 때 청탁금지법은 공직자나 이해관계인의 눈높이가 아니라, 일반 국민들의 눈높이에 맞추어진 법입니다. 일반 국민들로부터 절대적인 지지를 받을 수밖에 없는 법이지요.

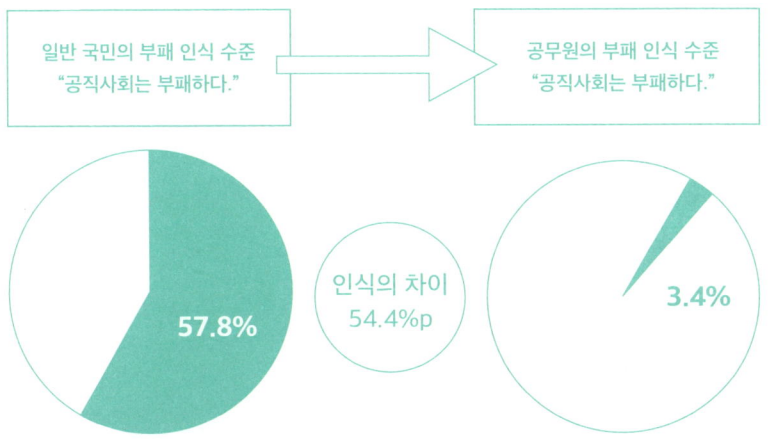

일반 국민과 공직자의 인식 차이가 시사하는 점
▶ 국민들이 기대하는 공직사회의 청렴 수준이 공직자가 생각하는 것보다 훨씬 높은 수준임을 의미함.
▶ 국민들이 생각하는 '부패'를 공직자들은 관행으로 여겨 문제의식을 갖지 못함.

※ 출처: 국민권익위원회(2015)

김영란법은 왜 반드시 필요한가?

청탁금지법의 제정 취지는 우리 사회의 청렴도를 높이는 것입니다. 궁극적으로 대한민국이라는 국가 이미지를 향상시켜 초일류 국가 브랜드를 창출하고, 국가경쟁력을 강화·유지하는 것이 목적이지요.

여러 민족으로 구성된 다민족 국가에서 다양한 인종이, 다양한 언어를 가지고, 다양한 문화 배경을 지닌 채 만나면 구성원 간 공감대 형성이 상대적으로 어렵습니다. 그렇다면 부정청탁이나 음성적인 금전 수수 등이 발생할 가능성은 상대적으로 낮겠지요. 우리나라는 어떤가요? 다문화사회가 되어간다고는 하지만 아직까지 우리 사회 구성원은 대부분 한국인입니다. 같은 언어를 사용하고 같은 문화권에서 살아왔기에 사회 구성원들 사이의 정보 흐름 속도가 빠르고 공감대 형성이 쉬워서 단결도 잘되고 능률도 잘 오른다는 아주 큰 장점이 있습니다. 반대로 혈연, 지연, 학연 등으로 친분 관계를 손쉽게 형성하다 보니 부정청탁이나 음성적인 금전 수수가 발생할 가능성이 매우 높다고도 볼 수가 있습니다.

청탁금지법은 우리 사회에 만연해 있는 이런 연고주의와 온정주의로 인한 부정부패에 대해, 다른 조건이 없더라도 부정청탁 자체만으로 처벌합니다. 또한 직무의 대가성이 없는 경우라도 공직자들의 금품 수수 등에 대해서는 처벌 규정을 두어 부정부패가 원초적으로 발을 붙이지 못하게 하고 있습니다. 반면 선의의 공직자 등을 보호하기 위해 부정청탁이나 금품 등의 제공을 받은 경우에 대한 대응 조치를 분명하게 명문화해두었습니다.

그러므로 청탁금지법은 청탁이나 금품을 제공하는 측면과 청탁을 받고 금품을 수수하는 공직자들에 대한 양측면을 모두 고려하여 청렴한 문화를 정착시키려는 법입니다. 단순히 사회 정화 차원의 문제가 아니라, 우리나라 대한민국의 브랜드를 강화하여 국제사회에서 경쟁력을 강화하기 위한 절대적인 생존 전략이라고 할 수 있습니다. 이는 국가에서 포기하지 않을 것이며 포기될 수도 없는 것입니다.

「청탁금지법」

제1조(목적)
이 법은 공직자 등에 대한 부정청탁 및 공직자 등의 금품 등의 수수를 금지함으로써 공직자 등의 공정한 직무 수행을 보장하고 공공기관에 대한 국민의 신뢰를 확보하는 것을 목적으로 한다.

제3조(국가 등의 책무)
① 국가는 공직자가 공정하고 청렴하게 직무를 수행할 수 있는 근무 여건을 조성하기 위하여 노력하여야 한다.
② 공공기관은 공직자 등의 공정하고 청렴한 직무 수행을 보장하기 위하여 부정청탁 및 금품 등의 수수를 용인하지 아니하는 공직문화 형성에 노력하여야 한다.

2

김영란법은
우리 모두가 적용받는다

✓

모두가 알아야 할 생활 법규, 청탁금지법!

청탁금지법은 공직자들에게만 적용되는 법일까요? 아닙니다. 모든 국민과 법인 단체에도 적용됩니다. 심지어 대한민국 내에 있는 외국인에게도 적용됩니다. 예를 들어서 학교 임원이 기간제 교사로 일하는 외국인 교사로부터 부정청탁이나 금품을 제공받거나, 공공기관에 근로계약을 체결하여 근무하는 외국인이 일반인으로부터 부정청탁이나 금품을 제공받으면 처벌받을 수 있습니다. 특히 주의해야 할 것은, 부정청탁을 하거나 금품을 제공하는 행위자 개인의 위법 행위에 대해서 그 개인뿐만 아니라 그가 속한 기관이나 단체·법인이 동시에 처벌을 받게 된다는 점입니다. 자연인 사람과 법인, 단체 등 법인격이 있는 모두가 청탁금지법 적용 대상이 됩니다.

청탁금지법을 적용받는 상대가 되는 것은 공직자 등이므로, 공직자 등을 대할 때는 특히 주의해야 합니다. 이 '공직자 등'에는 공무원 혹은 공무원으로 인정되는 자, 공직유관단체 임직원, 공공기관 임직원, 사립학교 임직원, 언론사 임직원, 공무집행 사인私人이 포함됩니다. 그러므로 청탁을 받거나 금품 등을 제공받는 상대방이 어떤 사람인지 인식하는 것이 아주 중요합니다. '공직자 등'에 포함되는 기관들은 매우 많고 다양하며 그 기관에 일하는 사람들의 신분도 다양하기 때문에 구분이 쉽지 않을 수 있습니다. 상대가 공직자 등임을 알지 못해 위법 행위가 이루어졌더라도 처벌을 피할 수 없습니다. 상대가 공직자 등임을 몰랐다고 아무리 하소연해도 어쩔 수 없게 됩니다.

청탁금지법 적용 대상 기관 현황

○ 법 적용 대상 기관은 헌법기관, 중앙행정기관, 공직유관단체·공공기관, 각급 학교 및 학교법인, 언론사 등 약 4만 개임(2016. 2. 기준).

관련 조항	구분	세부기관		기관수
		총계		39,965
(가목) 국회, 법원, 헌법재판소, 선거관리위원회, 감사원, 국가인권위원회, 중앙행정기관과 그 소속 기관 및 지방자치단체	단위기관	국회, 법원, 헌법재판소, 선거관리위원회, 감사원, 국가인권위원회		6
	중앙행정기관	정부조직법에 따른 중앙행정기관		42
		개별법에 따른 중앙행정기관		10
	지방자치단체	광역지방자치단체		17
		기초지방자치단체		226
	교육청	시도교육청		17
		소계		318
(나목) 공직자윤리법 제3조의2에 따른 공직유관단체	공직유관단체			983
(다목) 공공기관운영법 제4조에 따른 공공기관	공공기관(총 323개 기관 중 321개 기관은 공직유관단체와 중복)			2
(라목) 초중등교육법, 고등교육법, 유아교육법 및 그 밖의 법령에 따라 설치된 각급 학교 및 사립학교법에 따른 학교법인	학교	유치원		8,930
		초·중·고등기타		11,799
		국·공·사립대학교		433
		소계		21,162
	학교법인	유·초·중·고 기타		858
		대학법인		254
		소계		1,112
(마목) 언론중재법 제2조 제12호에 따른 언론사	언론사	방송사업자 ※ 공동체라디오방송사업자 제외	지상파방송사업자	63
			종합유선방송사업자	91
			위성방송사업자	1
			방송채널사용사업자	190
		신문사업자	일반일간신문(외국일간신문)	274
			특수일간신문	114
			일반주간신문	1,116
			특수주간신문	1,717
		잡지 등 정기간행물사업자 ※ 정보간행물, 전자간행물 제외	잡지	4,839
			기타간행물	2,259
		뉴스통신사업자		18
		인터넷신문사업자		5,706
		소계		16,388

「청탁금지법」

제2조(정의)
이 법에서 사용하는 용어의 뜻은 다음과 같다.

1. '공공기관'이란 다음 각 목의 어느 하나에 해당하는 기관·단체를 말한다.
   가. 국회, 법원, 헌법재판소, 선거관리위원회, 감사원, 국가인권위원회, 중앙행정기관(대통령 소속 기관과 국무총리 소속 기관을 포함한다)과 그 소속 기관 및 지방자치단체
   나. 「공직자윤리법」 제3조의 2에 따른 공직유관단체
   다. 「공공기관의 운영에 관한 법률」 제4조에 따른 기관
   라. 「초·중등교육법」, 「고등교육법」, 「유아교육법」 및 그 밖의 다른 법령에 따라 설치된 각급 학교 및 「사립학교법」에 따른 학교법인
   마. 「언론 중재 및 피해 구제 등에 관한 법률」 제2조 제12호에 따른 언론사

2. '공직자 등'이란 다음 각 목의 어느 하나에 해당하는 공직자 또는 공적 업무 종사자를 말한다.
   가. 「국가공무원법」 또는 「지방공무원법」에 따른 공무원과 그 밖에 다른 법률에 따라 그 자격·임용·교육 훈련·복무·보수·신분 보장 등에 있어서 공무원으로 인정된 사람
   나. 제1호 나목 및 다목에 따른 공직유관단체 및 기관의 장과 그 임직원
   다. 제1호 라목에 따른 각급 학교의 장과 교직원 및 학교법인의 임직원
   라. 제1호 마목에 따른 언론사의 대표자와 그 임직원

'공무원 등'은 누구인가

(1) 공무원 또는 공무원으로 인정된 사람

국가공무원과 지방공무원은 청탁금지법상 부정청탁이나 금품 등을 제공받는 상대방입니다. 공무원 신분이기만 하면 그 종류에 무관하게 일반직 공무원, 특정직 공무원, 정무직 공무원, 별정직 공

무원, 선출직 공무원, 임기제 공무원, 계약직 공무원 등이 전부 포함됩니다. 그러므로 공무원인 이상 어떤 직무를 수행하고 있든지 청탁금지법 적용 대상입니다. 위 공무원들은 주로 헌법기관인 국회, 법원, 헌법재판소, 선거관리위원회, 감사원, 중앙행정기관인 각 행정부처, 소속 기관 등과 국가인권위원회 등 개별법에 따른 행정기관, 광역 및 기초자치단체 및 시도 교육청 등에 근무하는 자들 및 국공립학교에 근무하는 교육공무원 등입니다. 국회의원, 광역의원, 기초의원 등 선출직 공무원도 포함됩니다.

중요한 것은, 공무원은 아니지만 다른 법률에 따라 공무원으로 인정된 사람도 포함이 된다는 것입니다. 예를 들어보겠습니다. 사법시험에 합격하고 연수 중인 사법연수생이나 판·검사시보, 공무원 시험에 합격한 다음 중앙부처나 도청 등에서 수습 중인 수습생, 군복무를 대신해 농어촌 보건지소에서 일하는 공중보건의, 공익법무관, 공중방역수의사, 청원경찰, 청원산림보호직원 등도 포함이 됩니다. 다만 무기계약직 근로자 및 기간제 근로자는 국가기관과 근로계약을 했더라도 공무원 신분이 아닌 이상 여기에 포함되지 않습니다.

(2) **공직유관단체 및 기관의 장과 그 임직원**

공무원은 아니지만 공직유관단체 및 기관의 장과 그 임직원은 공무원과 동일하게 청탁금지법상 부정청탁과 금품 등을 제공받는 상대방에 포함됩니다. 인사혁신처에서 재산등록 공직유관단체로 정한 「공직자윤리법」 제3조 2에 따른 공직유관단체에 근무하는 사람들, 기획재정부에서 고시한 「공공기관 운영에 관한 법률」 제4조에 따른 공공기관에 근무하는 사람들이 포함됩니다. 또한 공직유관단체나 공공기관과 직접 근로계약을 체결하고 근로를 제공하는 사람은 전부 포함되며 임원들은 상임이든 비상임이든 전부 포함됩니다.

그런데 단순히 공직유관단체 및 공공기관과 용역 계약을 한 법인이나 단체 또는 개인은 포함되지 않습니다. 즉 경비, 환경미화원, 시설관리원, 식당책임자, 영양사, 조리원 등은 적용 대상이 아닙니다. 여기서 한 가지 문제점을 발견할 수 있습니다. 중앙행정기관이나 지방자치단체와 근로계약을 하고 근무하는 사람들은 공무원이 아닌 한 청탁금지법상의 '공직자 등'에 해당하지 않지만 공직유관단체 등과 근로계약을 체결하여 근무하는 사람들은 공무원이 아니더라도 '공직자 등'에 해당한다고 해석될 수 있다는 점이지요. 이는 형평의 원칙에 맞지 않는다고 볼 여지가 있습니다.

(3) 사립학교의 장과 교직원 등

사립학교의 장과 교직원 및 학교법인의 임직원도 포함됩니다. 국공립학교의 교직원은 교육공무원에 해당이 되니 공무원으로 분류됩니다. 사립학교는 「초·중등교육법」, 「고등교육법」, 「유아교육법」및 그 밖에 다른 법령에 따라 설치된 각급 학교,「사립학교법」에 따른 사립학교의 교장과 교원, 행정직원이 포함되며, 학교에 소속이 되지 않더라도 학교법인의 임원과 직원도 포함이 됩니다. 그러므로「사립학교법」의 적용을 받는 학교법인의 이사나 감사 등은 상임이든 비상임이든 전부 포함되며 초등, 고등, 유아 등의 교원으로 인정되는 교원이라면 정규 교원과 기간제 교원이 전부 포함됩니다. 학교 운영에 필요한 행정 직원 및 조교 등 학교나 학교법인과 직접 근로계약을 체결하고 근로를 제공하는 자도 전부 포함됩니다. 즉 교육공무직, 행정실무자, 학교 운동부 코치, 급식보조원 등도 근로계약이 체결된 자들은 전부 포함이 됩니다.

하지만 교원으로 인정되지 않는 명예교수, 겸임교원, 시간강사는 학교와 근로계약을 하지 않았고 교원도 아니므로 포함이 되지 않으며 학교나 학교법인과 용역 계약을 체결한 법인이나 단체 및 개인도 포함되지 않습니다. 학교 측에서 위탁한 건물 관리 또는 구내식당 운영업체 종사자 혹은 위탁 계약에 의해 일을 하는 자들도 포함되지 않습니다. 학교와 직접 근로계약을 체결한 급식실 도우미 아주머니는 청탁금지법상 공무원 등이 되지만, 외부 운영업체인 매점 아주머니는 아닌 것이지요. 단, 대한민국의 법에 의해 인가되지 않은 외국인학교 등에는 적용되지 않습니다.

(4) 언론사의 대표자와 그 임직원

언론사의 대표자와 그 임직원도 포함됩니다. 언론사의 대표자는 언론사 경영에 관하여 법률상 대표권이 있는 자 또는 그와 같은 지위에 있는 자를 말합니다. 여기서 언론사란, 「언론 중재 및 피해 구제 등에 관한 법률」 제2조 제12호의 언론사를 가리킵니다. 방송사업자, 신문사업자, 잡지 등 정기간행물사업자, 뉴스통신사업자, 인터넷신문사업자, 정기간행물사업자 중 잡지 또는 기타 간행물을 발행하는 자를 의미하며 단순한 정보간행물 또는 전자간행물을 발행하는 자는 포함되지 않습니다.

또한 언론사 업무 중 보도, 논평, 취재 외에 행정, 단순 노무 등에 종사하는 자도 청탁금지법 적용 대상인 공직자 등에 해당합니다. 다만, 사보 등을 발행하여 부수적으로 언론 활동을 하는 기업의 경우에는 정기간행물 발행 업무에 종사하는 직원만 적용 대상이 됩니다.

(5) 공직자 등의 배우자

물론 공직자 등의 배우자는 자신의 배우자인 공직자와 법률상으로는 별개인 인격체입니다. 하지만 부부 사이란 실질적으로 이해관계를 함께하는 경우가 대부분이기 때문에 공직자 등의 배우자는 청탁금지법상 금품 등 제공의 상대방이 될 수 있습니다. 배우자가 공직자 등의 직무와 관련하여 금품 등을 수수하는 것은 금지하고 있으나, 배우자에 대한 처벌 등 제재 규정은 별도로 없습니다. 다만 공직자 등이 자신의 배우자가 수수 금지 금품 등을 받은 사실을 알았음에도 불구하고 신고하지 않은 경우에는 처벌받게 됩니다.

공직자 등의 배우자는 부정청탁의 상대방으로서는 공직자 등에 해당하지 않으며 이때는 일반인과 같은 지위에 놓입니다. 즉, '제삼자를 위한(통한) 청탁'이 되는 것이지요. 그렇기 때문에 이 '제삼자', 즉 배우자 자신도 처벌받습니다.

(6) 공무수행 사인

공무원이나 언론인, 학교 관계자가 아니라고 하더라도 일정한 범위에서 공무수행을 하는 경우에는 공무수행 사인에 해당하여 부정청탁이나 금품 제공의 상대방이 될 수 있습니다. 하지만 공무수행 사인은 신분 자체가 공무원이 아니므로 업무과 관련성이 있어야만 그 상대방이 될 수 있습니다.

공무수행 사인은 여러 형태로 나뉘는데 ① 행정기관소속위원회로서 행정기관 소관 업무의 자문에 응하거나 조정·협의·심의 또는 의결 등을 하는 위원회의 위원, ② 법령에 따라 공공기관의 권한을 위임 또는 위탁받은 법인 단체 또는 그 기관이나 개인, ③ 공무를 수행하기 위하여 민간 부문에서 공공기관에 파견 나온 사람, ④ 법령에 따라 공무상 심의 평가 등을 하는 개인 또는 법인 단체 등이 포함됩니다.

「청탁금지법」

제11조(공무수행 사인의 공무수행과 관련된 행위 제한 등)

① 다음 각 호의 어느 하나에 해당하는 자(이하 '공무수행 사인'이라 한다)의 공무수행에 관하여는 제5조부터 제9조까지를 준용한다.

　　1. 「행정기관 소속 위원회의 설치·운영에 관한 법률」 또는 다른 법령에 따라 설치된 각종 위원회의 위원 중 공직자가 아닌 위원
　　2. 법령에 따라 공공기관의 권한을 위임·위탁받은 법인·단체 또는 그 기관이나 개인
　　3. 공무를 수행하기 위하여 민간부문에서 공공기관에 파견 나온 사람
　　4. 법령에 따라 공무상 심의·평가 등을 하는 개인 또는 법인·단체

② 제1항에 따라 공무수행 사인에 대하여 제5조부터 제9조까지를 준용하는 경우 '공직자 등'은 '공무수행 사인'으로 보고, '소속 기관장'은 '다음 각 호의 구분에 따른 자'로 본다.

　　1. 제1항 제1호에 따른 위원회의 위원: 그 위원회가 설치된 공공기관의 장
　　2. 제1항 제2호에 따른 법인·단체 또는 그 기관이나 개인: 감독기관 또는 권한을 위임하거나 위탁한 공공기관의 장
　　3. 제1항 제3호에 따른 사람: 파견을 받은 공공기관의 장
　　4. 제1항 제4호에 따른 개인 또는 법인·단체: 해당 공무를 제공받는 공공기관의 장

(7) 일반인 및 기업, 단체

일반인과 일반 기업 단체 등에도 청탁금지법이 적용됩니다. 다만 일반인 등은 부정청탁이나 금품 제공 등을 받는 상대방이 아닐 뿐입니다. 특히 기업이나 단체 등은 그 임직원이 부정청탁이나 금품 제공으로 처벌을 받는 경우 양벌규정에 따라서 함께 처벌을 받게 됩니다.

3

정당한 청탁은 처벌하지 않는다

✓
부정청탁 유형 14개와 예외 사항 7개만 알면 된다!

청탁금지법은 누구든지 직접 또는 제삼자를 통하여, 혹은 제삼자를 위하여 공직자 등에게 부정한 청탁을 하는 것을 금지하고 있으며 공직자에게는 부정청탁을 받고 직무를 수행하는 것을 금지합니다. 하지만 모든 업무에 관한 부정청탁을 처벌하는 것은 아닙니다. 일반인들에게 있어 이해관계가 큰 14개 직무 유형에 관해서만 금지하고 있습니다. 그렇다고 하더라도 14개 직무 유형은 공직자 등이 처리하는 업무 중 중요한 부분을 중심으로 나열되어 있기 때문에, 경제활동을 하는 일반인이나 기업 입장에서 보면 이해관계가 있는 경우가 대부분입니다. 그러니 사실상 아주 포괄적이고 넓은 범위에 해당합니다.

청탁금지법에서는 부정청탁의 14개 유형에 해당하는 부정청탁만을 금지하고 있습니다. 예를 들어서 청탁금지법상 공직자 등에 해당하는 언론사 기자에게 특정 보도를 자제해달라고 부당하게 청탁하는 행위는 부정한 청탁의 유형 14개 중 어디에도 해당하지 않기 때문에 처벌 대상이 되지 않습니다. 공공기관에 근무하는 지인인 총무과장에게 고등학교 학생들이 체험학습으로 그 공공기관을 방문함에 있어서 특별한 편의를 봐달라고 청탁하는 것이 관례에 어긋난다 하더라도 그 청탁은 14개 중 어느 항목에도 해당하지 않으므로 처벌 대상이 되지 않습니다. 또한 단순한 사실 확인, 질의, 행정 자료에 대한 요청 등에 대한 청탁은 부정한 부분이 있더라도 청탁금지법 위반에는 해당하지 않습니다. 그러므로 아래 14개 유형을 제외한 부분에 대해서는 직무와 관련하여 금품 등을 제공하지 않는 한 청탁금지법 위반이 아닙니다.

부정청탁 대상 유형 14개

청탁금지법에서 금지한 14개 직무 유형은 다음과 같습니다.

① 인·허가, 면허 등 법령에서 일정한 요건을 정하여 놓고 신청을 받아 처리하는 직무
② 각종 행정 처분 또는 형벌 부과의 감경·면제 직무
③ 채용·승진 등 공직자 등의 인사에 관한 직무
④ 공공기관의 의사 결정에 관여하는 직위의 선정·탈락 직무
⑤ 각종 수상·포상 등 선정·탈락 직무
⑥ 입찰·경매 등에 관한 직무상 비밀에 관한 직무

⑦ 계약 당사자 선정·탈락 관련 직무

⑧ 보조금·기금 등의 배정·지원 또는 투자 등에 관한 직무

⑨ 공공기관의 재화 및 용역의 거래 관련 직무

⑩ 각급 학교의 입학·성적 등에 관한 직무

⑪ 병역 관련 직무

⑫ 공공기관이 실시하는 각종 평가·판정 관련 직무

⑬ 행정지도·단속·감사·조사 관련 직무

⑭ 수사·재판·심판·결정·조정·중재 등 관련 직무

청탁 행위의 주체

청탁 행위를 하는 자는 제한이 없습니다. 앞서 말했듯이 '누구든지' 직접 또는 제삼자를 통하여, 혹은 제삼자를 위하여 부정청탁을 하는 것을 금하고 있습니다. '누구든지'라는 말은 일반인이든 공직자 등이든 모두 포함된다는 뜻입니다. 이는 실제로 청탁 행위를 하는 자를 말하므로 자연인 사람만이 청탁 행위를 할 수 있으며 법인이나 단체는 스스로 청탁 행위를 할 수 없기 때문에 위 '누구든지'라는 주체에는 해당되지 않습니다. 다만 법인이나 단체도 양벌규정에 따라서 처벌을 받을 수 있습니다.

청탁 행위의 상대방

청탁을 받는 상대방은 위에서 말한 14개 유형의 직무를 수행하

는 공직자 등입니다. 직무를 수행하는 공직자 등에는 해당 업무를 직접 처리하는 공직자 등과 결재 선상에 있는 과장·국장 등, 그리고 본래 결재 선상에 있진 않지만 내부 위임 전결 규정에 따라 전결권을 위임 받은 경우 지휘·감독권이 있는 기관장 등이 포함됩니다. 하지만 사실상 영향력을 미칠 수 있는 지위 및 직책에 있는 공직자 등은 청탁 행위의 상대방이 되지 않습니다. 예를 들어, 총무과장에게 건축 허가와 관련된 청탁을 한 경우라면 그 총무과장은 결재 과정에는 없지만 건축과장이나 담당 직원 등, 건축 허가 과정에 영향을 미치는 직원들과의 친분이나 업무 관계 등으로 사실상 영향력을 행사할 수 있습니다. 이런 경우 총무과장에게 청탁을 하는 것은 그 청탁의 상대방이 될 수가 없으므로 제삼자를 통한 청탁이 됩니다. 정리하면, 본인이 건축 허가와 관련하여 건축과 담당자, 건축과장, 건축담당국장 등에게 청탁하는 것은 직접적인 청탁으로 청탁자가 처벌받지 않지만 총무과장에게 청탁하여 전달하게 되면 제삼자를 통한 청탁이 되므로 청탁자 본인도 처벌을 받게 됩니다.

만약 우리가, 금품 등을 제공하지 않는다는 전제 하에, 해당 직무를 수행하는 당사자에게 직접 부정청탁을 하면 처벌은 받지 않습니다. 직접 자신의 일로 청탁을 한 것이기 때문이지요. 다만 그 청탁을 받은 상대방은 청탁자에게 명확하게 거절 의사를 표시하거나 신고하는 등의 대응을 해야 합니다. 그런데 만약 직무를 수행하는 당사자가 아닌 간접적으로 영향을 미칠 수 있는 공직자 등에게 청탁을 한다면, 제삼자를 통해 청탁하는 것이므로 청탁자 본인은 청탁 사실만으로도 처벌받습니다. 예를 들어 우리가 상급자에게 청탁을 하고 상급자가 하급자에게 지시 등을 통하여 해당 청탁을 위한 사무를 처리한 경우, 그 상급자는 직무를 수행하는 공직자 등에 해당하고 지시를 내린 행위 자체가 '부정청탁에 따른 직무 수행'이므로 형사처벌 대상이 됩니다. 또한 여기서 상급자의 지시는 제삼자를 위한 부정청탁에도 해당이 됩니다. 그러므로 이런 지시를 받은 하급자(해당 직무 수행 담당자)도 거절 의사를 명확히 표시해야 하고, 2차로 지시를 받은 경우에는 이를 신고해야 합니다. 만약 제삼자를 위한 부정청탁임을 알면서도 지시에 따른 경우엔 부정청탁에 따른 직무 수행으로 상급자와 함께 형사처벌 대상이 됩니다.

또한 업무 담당 공직자 등이 아니더라도 타인으로부터 청탁을 부탁받은 일반인이 그 청탁을 공직자 등에게 전달 혹은 재청탁을 하는 경우, 그 일반인도 처벌을 받습니다.

공직자 등의 대응

직무를 수행하는 공직자 등은 최초 부정청탁을 받았을 때 상대에게 부정한 청탁임을 인지시키고 거절 의사를 명확히 표시해야 합니다. 그럼에도 또다시 동일한 부정청탁을 받은 경우에는 서면으로 소속 기관장 등에게 신고를 해야 합니다. 만약 신고하지 않으면 징계 처분을 받게 됩니다. 이러한 신고 절차를 잘 따른다면 그 공직자는 이후 발생할 수 있는 책임으로부터 면제될 수 있으므로 선량한 공직자 등이라면 부정청탁으로부터 오해 없이 보호받을 수 있는 것이지요.

만약 부정청탁자가 공직자 등에게 2회 이상 청탁하였는데, 청탁은 받아들여지지 않았으나 공직자 등이 명백한 거절 의사도 표시하지 않았고 또 신고 절차를 따르지도 않았다면 이 사실을 알고 있는 누군가로부터 고발 위협을 당할 수도 있습니다. 그러니 공직자 등은 대응 규정을 반드시 지켜 스스로를 보호할 필요가 있습니다. 부정청탁 신고를 받은 소속 기관장은 그 내용을 확인하여 조사해야 합니다. 조사 결과상 수사의 필요성이 있으면 수사기관에 통보를 하여야 하고, 과태료 부과 사항이라고 판단되면 관할법원에 위반 사실을 통보해야 합니다.

부정청탁의 방법

누구든지 '직접 또는 제삼자를 통하여' 직무를 수행하는 공직자 등에게 부정청탁을 하는 것은 금지됩니다. 다만, 자신을 위하여 직접 공직자 등에게 하는 부정청탁은 과태료 부과 대상에서 제외됩니다. 즉 자신의 일을 위한 부정한 청탁은 청탁금지법에서 금지하는 행위에 해당은 되지만 처벌 대상은 아닙니다. 이런 경우까지 처벌하게 되면 일반인들의 활동이 필요 이상으로 위축되는 부작용이 나타날 수 있기 때문입니다. 또 자신의 몫을 주장하고 스스로를

부정청탁에 대한 대응 조치

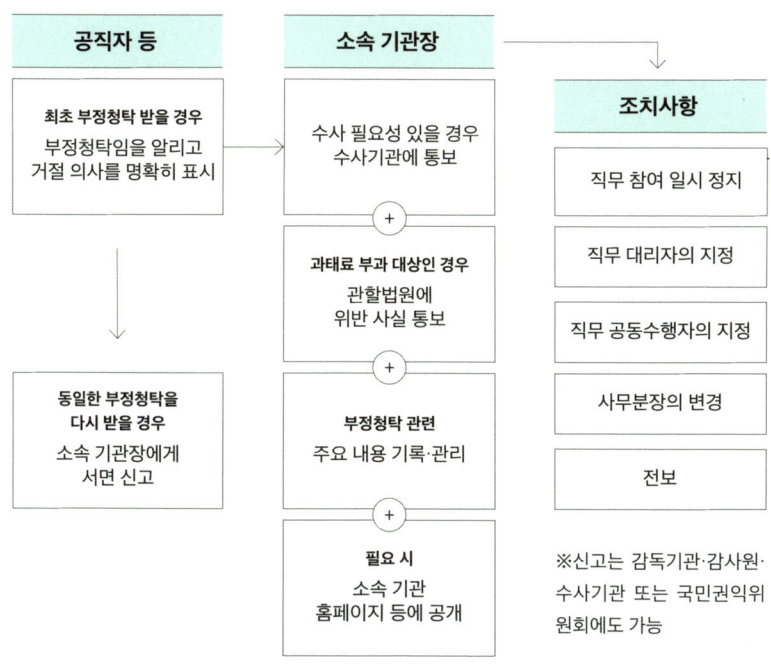

> 「청탁금지법」
>
> 제7조(부정청탁의 신고 및 처리)
>
> ① 공직자 등은 부정청탁을 받았을 때에는 부정청탁을 한 자에게 부정청탁임을 알리고 이를 거절하는 의사를 명확히 표시하여야 한다.
> ② 공직자 등은 제1항에 따른 조치를 하였음에도 불구하고 동일한 부정청탁을 다시 받은 경우에는 이를 소속 기관장에게 서면(전자 문서를 포함한다. 이하 같다)으로 신고하여야 한다.

보호하려는 것은 자연스러운 현상으로 볼 수 있습니다. 단, 공직자가 직접 자신의 일로 부정청탁을 한 경우에는 형사처벌은 받지 않더라도 징계 처분 대상은 될 수 있습니다.

직접 청탁이라는 것은 청탁하는 자, 본인의 일에 대해서만 한정되는 것입니다. 부모의 일이거나 미성년자인 자녀의 일에 대한 청탁 역시 본인의 청탁이 아니라 다른 사람의 청탁을 대신 해주는 '제삼자를 위한 청탁'이 되므로 처벌받습니다. 예를 들어, 연로하신 부모님을 대신해 자녀가 나서서 일을 해주더라도 제삼자를 위한 청탁이 됩니다. 또 학부모가 자녀의 학교 성적이나 학교생활 등에 대해서 교사에게 부정한 청탁을 하게 되면 이 또한 제삼자를 위한 청탁입니다.

그리고 법인을 위한 청탁도 마찬가지입니다. 법인은 독립적으로 권리와 의무를 지닌 주체이므로 법인의 임직원이 회사 일을 위해 부정한 청탁을 하면 이는 제삼자를 위한 청탁이 됩니다. 왜냐하면 주식회사나 법인이 적법한 행위를 하는 범위 내에서만 법인의 행위로 볼 수 있지 은밀히 이루어지는 부정한 청탁까지 적법한 법인의 행위로 볼 순 없기 때문입니다. 또 법인의 대표자나 주식회사의 대표이사가 직접 청탁을 하더라도 그 청탁은 자신의 직접 청탁이 아닌 제삼자를 위한 청탁에 해당됩니다.

부정청탁의 요건

청탁금지법은 정당한 청탁을 금지하는 것이 아닙니다. '부정한 청탁'만을 금지하는 것이고, 부정한 청탁인지의 여부는 ① 법령을 위반하는 청탁인지(여기서의 법령은 법률, 명령, 조례, 규칙을 포함하고 개별 법령 이외「일반 형법」,「공무원법」,「행정절차법」등을 전부 포함함), ② 계약 관련 법령을 위반하는 청탁인지, ③ 정상적인 거래 관행을 벗어난 것인지에 따라서 판단됩니다. 특히 정상적인 거래 관행을 벗어났는지 여부는 행위의 의도나 목적, 재화 또는 용역의 특성, 당사자의 지위 및 관계, 다른 사람이 받는 피해, 공공기관의 내부 기준이나 사규 등을 종합적으로 고려하여 판단해야 합니다. 결국 우리의 건전한 상식과 사회 상규에 달린 것이지요.

부정청탁을 한 이상 공직자 등이 이를 거절하여 어떠한 실현이 되지 않은 경우에도, 그 청탁이 공직자 등에게 전달이 되었다면 부정청탁을 시도한 것만으로도 처벌됩니다. 다만, 중간 전달자가 전달하지 않아 직무 담당자에게 청탁 사실이 전달되지 않았다면 미수에 그치고, 청탁금지법상 미수범에 대한 처벌 규정은 없기 때문에 처벌되지 않습니다.

부정청탁을 받은 공직자 등에 대한 조치

부정청탁을 받은 공직자 등이 소속된 기관의 장은 부정청탁을 받은 공직자 등에 대해 '직무 참여 일시중지, 직무 대리자의 지정,

전보' 등의 조치를 할 수 있습니다. 다만 소속 기관장은 직무를 수행하는 공직자 등을 대체하기 지극히 어려운 경우, 공직자 등의 직무 수행에 미치는 영향이 크지 않은 경우, 국가의 안전 보장 및 경제 발전 등 공익 증진을 이유로 직무 수행을 유지할 필요성이 있는 경우에는 부정청탁을 받은 공직자 등에게 직무를 계속 수행하게 할 수 있습니다.

부정청탁 예외 사유

청탁금지법에서는 부정청탁을 14개로 유형화하고 이에 대한 예외 사항을 7개로 유형화했습니다.

① 법령에서 정하는 절차와 방법에 따라서 특정 행위를 요청하는 행위.
② 공개적으로 공직자 등에게 특정한 행위를 요구하는 행위.
③ 선출직 공직자 등이 공익적인 목적으로 제삼자의 고충민원을 전달하거나 제도 등의 개선에 관한 건의 등을 하는 행위.
④ 법정 기한 안에 처리하여줄 것을 요청, 확인하는 행위.
⑤ 직무 또는 법률 관계에 관한 확인·증명 등을 신청·요구하는 행위.
⑥ 질의 등을 통하여 제도 등에 대한 설명·해석을 요구하는 행위.
⑦ 그 밖에 사회 상규에 위배되지 아니하는 것으로 인정되는 행위.

이 예외 사항 7개는 사회 상규에 위배하지 않는 행위를 기본으로 하고 있어 부정한 청탁의 범주에 포함되지 않을 가능성이 많은 것들입니다. 따라서 그 내용에 불합리하고 부정한 내용들이 포함되어 있더라도 청탁금지법에 위반되지 않는 내용에 대한 구체적인 예시라고 보아야 합니다. 예를 들어, 법령에서 정하는 절차와 방법에 따라서 특정 행위를 요청하는 행위의 경우, 비록 그 특정 행위를 요청하는 것에 부당한 내용이 포함되어 있다고 하더라도 그 절차와 방법이 정해져 있는 경우에는 청탁금지법에 저촉되지 않는 것이지요. 또 공개적으로 공직자 등에게 특정 행위를 요구하는 행위 시(예를 들어 '1인 시위' 등) 그 특정 행위가 부정한 청탁 내용을 담고 있더라도 처벌되지 않습니다. 선출직 공직자(국회의원) 등에게 공익적인 목적으로 제삼자의 고충민원을 전달함에 있어(예를 들어 '사드 설치를 반대해달라는 민원' 등) 그 내용이 부정한 내용을 포함하더라도 청탁금지법 위반에 해당하지 않습니다. 또 법정 기한 안에 처리해 줄 것을 요청하는 행위도 그 내용에 부정한 청탁이 포함되어 있더라도 청탁금지법 위반이 아닙니다. 직무나 법률 관계와 관련해 확인 및 증명 등을 요구하는 행위를 할 때에는 그 확인이나 증명 등의 내용에 부정한 청탁이 포함되었다고 하더라도 청탁금지법 위반에 해당하지 않으며, 질의 등을 통하여 제도 등에 대한 증명 등을 요구하는 행위에서 그 질의 등의 내용이 부정한 청탁을 포함하고 있더라도 청탁금지법 위반에 해당하지 않습니다.

부정청탁에 대한 처벌

앞서 말했듯이 자신의 일로 직접 공직자에게 부정청탁을 한 자는 청탁금지법상 금지된 행위를 한 것이지만 이에 대한 처벌규정은 없습니다. 하지만 자신의 청탁이라고 하더라도 제삼자를 통해 부정청탁을 한 경우에는 1천만 원 이하 과태료 부과 대상이 되며, 제삼자를 위하여 부정청탁을 한 경우 공직자 등이 아닌 자는 2천만 원 이하, 공직자 등은 3천만 원 이하의 과태료 부과 대상이 됩니다.

부정청탁을 받고 그를 수용해 불공정하게 직무를 수행한 공직자 등은 2년 이하 징역 또는 2천만 원 이하 벌금 처벌을 받게 됩니다. 자신을 위해 직접 부정청탁을 한 자는 과태료 부과 대상에서 제외되지만 그 청탁을 받아들여 직무를 수행한 공직자 등은 형사처벌 대상에 해당하니 주의해야 합니다.

지금까지 살펴본 바에 따르면 본인의 청탁은 업무 담당자에게 직접 하는 것이 바람직하며 제삼자를 통해서 하거나 제삼자를 위해서 청탁하는 행동은 더욱 엄격하게 금지됩니다. 또 공직자 등이 청탁을 받아서 담당자에게 업무를 전달하는 경우, 일반인들보다 더 강하게 처벌함을 알 수 있습니다. 금품이 오가지 않았더라도 부정청탁한 사실만으로 처벌받으며, 부정한 청탁에 따라 업무를 처리한 공직자는 단순한 과태료 처분이 아니라 형사처벌까지 받게 되므로 매우 주의해야 합니다.

청탁금지법은 부정한 청탁만을 금지할 뿐, 정당한 청탁이나 사

부정청탁에 따른 제재 수준
※ 위반 행위자가 공직자 등인 경우 징계를 의무화하여 벌칙과 징계 병과

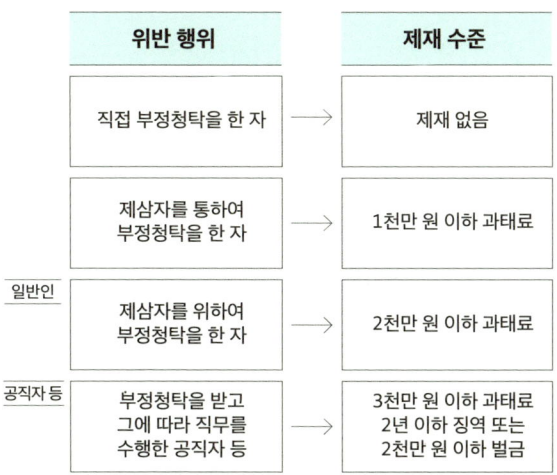

회 상규에 반하지 않는 행위는 허용합니다. 즉, 정당한 청탁을 위한 명분 있는 주장은 담당 공직자는 물론 누구에게나 할 수가 있는 것이지요. 청탁 내용이 애매하거나 형식적으로 부정한 청탁이라고 할지라도 우리의 상식과 경험 그리고 관례 등에 비추어 사회 상규에 위배되지 않는 것으로 인정되는 행위는 처벌하지 않으므로 상식과 도덕 관념에 따라서 활동을 하면 될 것입니다. 그러므로 공직자 등이나 일반인들이 청탁금지법으로 인해 활동에 위축을 느끼거나 서로간의 면담 등 접촉을 회피할 필요가 전혀 없습니다.

부정청탁의 유형과 처벌 정리표

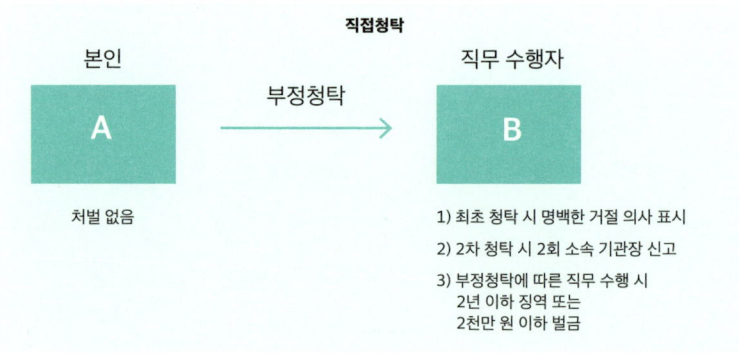

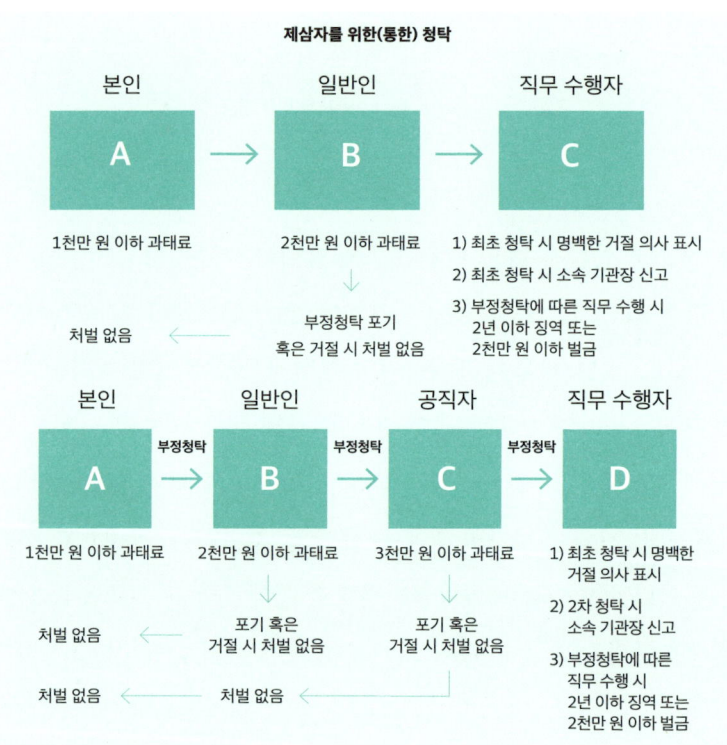

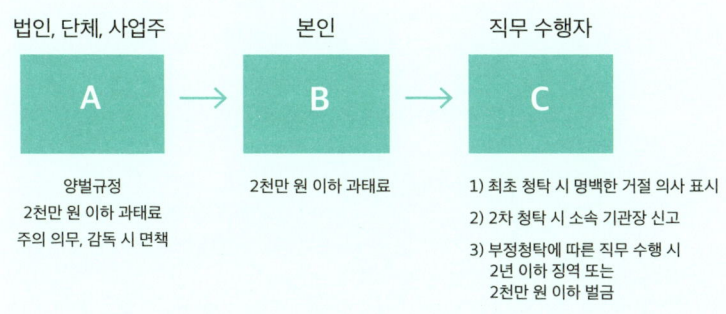

「청탁금지법」

제5조(부정청탁의 금지)

① 누구든지 직접 또는 제삼자를 통하여 직무를 수행하는 공직자 등에게 다음 각 호의 어느 하나에 해당하는 부정청탁을 해서는 아니 된다.

1. 인가·허가·면허·특허·승인·검사·검정·시험·인증·확인 등 법령(조례·규칙을 포함한다. 이하 같다)에서 일정한 요건을 정하여 놓고 직무 관련자로부터 신청을 받아 처리하는 직무에 대하여 법령을 위반하여 처리하도록 하는 행위
2. 인가 또는 허가의 취소, 조세, 부담금, 과태료, 과징금, 이행강제금, 범칙금, 징계 등 각종 행정 처분 또는 형벌 부과에 관하여 법령을 위반하여 감경·면제하도록 하는 행위
3. 채용·승진·전보 등 공직자 등의 인사에 관하여 법령을 위반하여 개입하거나 영향을 미치도록 하는 행위
4. 법령을 위반하여 각종 심의·의결·조정 위원회의 위원, 공공기관이 주관하는 시험·선발 위원 등 공공기관의 의사 결정에 관여하는 직위에 선정 또는 탈락되도록 하는 행위
5. 공공기관이 주관하는 각종 수상, 포상, 우수기관 선정 또는 우수자 선발에 관하여 법령을 위반하여 특정 개인·단체·법인이 선정 또는 탈락되도록 하는 행위

6. 입찰·경매·개발·시험·특허·군사·과세 등에 관한 직무상 비밀을 법령을 위반하여 누설하도록 하는 행위
7. 계약 관련 법령을 위반하여 특정 개인·단체·법인이 계약의 당사자로 선정 또는 탈락되도록 하는 행위
8. 보조금·장려금·출연금·출자금·교부금·기금 등의 업무에 관하여 법령을 위반하여 특정 개인·단체·법인에 배정·지원하거나 투자·예치·대여·출연·출자하도록 개입하거나 영향을 미치도록 하는 행위
9. 공공기관이 생산·공급·관리하는 재화 및 용역을 특정 개인·단체·법인에게 법령에서 정하는 가격 또는 정상적인 거래 관행에서 벗어나 매각·교환·사용·수익·점유하도록 하는 행위
10. 각급 학교의 입학·성적·수행평가 등의 업무에 관하여 법령을 위반하여 처리·조작하도록 하는 행위
11. 징병검사, 부대 배속, 보직 부여 등 병역 관련 업무에 관하여 법령을 위반하여 처리하도록 하는 행위

12. 공공기관이 실시하는 각종 평가·판정 업무에 관하여 법령을 위반하여 평가 또는 판정하게 하거나 결과를 조작하도록 하는 행위
13. 법령을 위반하여 행정지도·단속·감사·조사 대상에서 특정 개인·단체·법인이 선정·배제되도록 하거나 행정지도·단속·감사·조사의 결과를 조작하거나 또는 그 위법 사항을 묵인하게 하는 행위
14. 사건의 수사·재판·심판·결정·조정·중재·화해 또는 이에 준하는 업무를 법령을 위반하여 처리하도록 하는 행위
15. 제1호부터 제14호까지의 부정청탁의 대상이 되는 업무에 관하여 공직자 등이 법령에 따라 부여받은 지위·권한을 벗어나 행사하거나 권한에 속하지 아니한 사항을 행사하도록 하는 행위

제6조(부정청탁에 따른 직무 수행 금지)
부정청탁을 받은 공직자 등은 그에 따라 직무를 수행해서는 아니 된다.

4

금품이 오가면
무조건 처벌받는다

✓
금품 등 제공 금지는 청탁금지법의 핵심!

청탁금지법은 공직자 등이 직무 관계와 금품 제공를 막론하고 동일인으로부터 1회에 1백만 원 또는 1회계연도에 3백만 원을 초과하는 금품 등을 받거나 요구 또는 약속하는 행위를 엄격히 금지합니다. 그리고 금액에 관계없이 공직자 등은 직무와 관련해서는 대가성 여부를 불문하고 금품을 받거나 요구 또는 약속해서는 안 됩니다. 또한 공직자 등의 배우자는 공직자 등의 직무와 관련하여 공직자 등이 받는 것이 금지된 금품 등을 수수 및 요구하거나 제공받기로 약속하여서는 안 됩니다. 또 누구든지 공직자 등 또는 그 공직자 등의 배우자에게 수수 금지 금품 등을 제공하거나 그 제공을 약속하는 의사 표시를 하는 것은 금지되며 처벌 대상이 됩니다.

금품 제공자

누구든지 공직자 등에게 수수 금지 금품 등을 제공하거나 제공

「청탁금지법」

제8조(금품 등의 수수 금지)

① 공직자 등은 직무 관련 여부 및 기부·후원·증여 등 그 명목에 관계없이 동일인으로부터 1회에 1백만 원 또는 1회계연도에 3백만 원을 초과하는 금품 등을 받거나 요구 또는 약속해서는 아니 된다.
② 공직자 등은 직무와 관련하여 대가성 여부를 불문하고 제1항에서 정한 금액 이하의 금품 등을 받거나 요구 또는 약속해서는 아니 된다.
④ 공직자 등의 배우자는 공직자 등의 직무와 관련하여 제1항 또는 제2항에 따라 공직자 등이 받는 것이 금지되는 금품 등(이하 '수수 금지 금품 등'이라 한다)을 받거나 요구하거나 제공받기로 약속해서는 아니 된다.
⑤ 누구든지 공직자 등에게 또는 그 공직자 등의 배우자에게 수수 금지 금품 등을 제공하거나 그 제공의 약속 또는 의사 표시를 해서는 아니 된다.

하겠다고 약속하는 것 또는 그렇게 하겠다고 의사를 표시하는 것은 청탁금지법상 금지되어 있습니다. 금품을 제공하는 자는 일반인과 공직자 등 모두를 포함합니다. 공직자 등이 자신의 개인적인 업무와 관련하여 혹은 자신이 소속된 단체나 국가·지방자치단체, 공공단체 등을 위해 금품을 제공하거나 그에 대한 약속을 하는 경우 역시 이에 포함됩니다. '누구든지'라는 것은 실제 제공 행위자를 가리키므로 자연인 사람만이 포함되며 법인이나 단체는 해당되지 않으나 그 임직원이 제공 행위를 한 경우에는 양벌규정에 따라 법인이나 단체도 처벌받게 됩니다. 금품 등의 제공자는 상대방이 이를 거절했더라도 위반 행위가 성립되므로 처벌받게 됩니다.

금품 제공 상대방으로서의 배우자

공직자 등의 배우자도 금품 제공의 상대방이 될 수 있으며 청탁금지법에서는 직무 관련성이 있는 배우자의 금품 수수를 금합니다. 하지만 배우자에 대한 처벌 규정을 별도로 두고 있지는 않습니다. 또한 배우자에 대한 금품 제공 등에 대해 1회 1백만 원, 1회계연도 3백만 원을 초과하는 금품 등의 경우, 공직자 등의 직무와 관련한 경우만 수수를 금지하고 있으므로 금액의 많고 적음에 관계없이 금지된다고 이해하면 됩니다. 공직자 등은 배우자가 자신의 직무와 관련하여 금품 등을 받은 사실을 알았을 때 신고할 의무가 있습니다. 만약 신고를 하지 않았을 경우, 금액의 많고 적음에 따라 징역, 벌금, 과태료 처분 등 형사처벌의 강도에는 차이가 있습니다. 여기서 배우자란 법률상의 배우자만을 의미하며 내연 관계나 동거 중인 사실혼 관계는 포함되지 않습니다.

중동처럼 일부다처제가 허용되는 국가라면 과연 그 여러 배우자들 전부가 법적 배우자로 인정되는지에 대해서 논의할 필요가 있으나, 우리나라의 사회질서를 고려하면 여러 명의 배우자들은 법적 배우자로 인정될 수 없다고 보아야 할 것입니다. 또한 우리나라는 아직 동성 간에 혼인신고가 불가능하므로 동성 배우자는 청탁금지법상 배우자에 포함되지 않습니다.

공직자 등과 배우자의 금품 등 수수 금지 기준

※ 수수 금지 금품 등을 공직자 등(또는 그 배우자)에게 제공한 자도 공직자 등과 동일한 수준으로 제재함.

금지 행위의 요건

(1) 직무와 무관한 경우 1회 1백만 원, 1회계연도 3백만 원까지 허용

청탁금지법은 직무 관계 이유를 불문하고 동일인으로부터 1회 1백만 원 초과 또는 1회계연도 3백만 원을 초과하여 금품 수수 시 형사처벌 대상이 됩니다. 공직자 등이 자신의 직무와 전혀 관련 없는 일로 일정 금액 이상의 금원을 수수했을 때 처벌하는 것은 법리상 아주 이례적이라고 볼 수 있습니다. 또한 형법상 공무원 등의 뇌물죄가 직무 관련성 및 대가성을 요건으로 하고 있다는 점을 생각할 때, 직무 관련성이 없는 경우조차 처벌하는 청탁금지법은 처벌 범위가 다소 과하게 확대되었다는 비판을 받을 수 있습니다. 하지만 이 법은 학연과 지연 등을 비롯한 연고주의와 정실주의가 팽

배한 우리 사회에서 부정부패의 고리를 단절하는 방안으로써 마련된 것으로 이해해야 합니다. 잘 활용한다면 우리 사회에서 부정부패를 단절하는 매우 강력한 수단이 될 수 있습니다. 특히 '마당발'이라고들 하는 브로커 등을 생각해볼까요. 이 '마당발'들은 평소 여러 공직자 등과 친분을 쌓으며 관리하다가 그 사람들이 일정한 지위에 갔을 때 닦아둔 관계를 이용합니다. 이런 상황을 생각하면 불가피한 조항이라고 볼 수가 있지요. 1백만 원을 초과한 금원 등을 제공하는 것은 당장이 아니더라도 장래 적당한 시점에 그 관계를 활용하려는 목적인 경우가 많으므로, 잠재적으로 직무 관련성이 있다고 볼 여지가 있습니다. 또한 직무 수행의 공정성에, 의심을 받을 수 있는 접대 문화 근절이라는 입법 취지까지 구현할 수 있는 효과적인 방법이기도 합니다.

'동일인' 여부는 금품 등을 직접 제공한 사람을 두고 형식적으로 판단할 것이 아니라 '실제 제공자'가 누구인지를 기준으로 판단해야 합니다. 한 회사의 임원이나 직원 여러 명이 나누어서 금원을 제공한 경우처럼 그 제공자들 사이에 협력 내지 공모 관계가 성립한다거나 금품의 실제 출처가 동일하다면 동일인으로 판단해야 합니다.

'1회'의 의미도 단순히 자연적 의미에서 행위의 수를 의미하는 것은 아닙니다. 그 금품의 많고 적음, 금품 제공의 경위, 시간적·장소적 근접성 등을 종합적으로 고려하여 판단해야 합니다. 예를 들어서 함께 저녁을 먹고 자리를 옮겨 술집에 가서 같이 술을 마셨다면 그것은 시간적·장소적 근접성이 있으므로 1회로 간주될 수 있습니다.

'회계연도'는 일반적으로 세입·세출을 구분하기 위해 설정한 기간을 의미합니다. 그리고 그 회계연도는 금품을 수수한 공직자 등이 소속된 공공기관의 회계연도를 의미한다고 보아야 합니다. 제공자에 대한 처벌에 대해서도 공직자 등이 소속한 공공기관의 회계연도를 함께 적용합니다. 국가기관, 지방자치단체, 공직유관단체 등의 회계연도는 매년 1월 1일에 시작하여 12월 31일에 종료되는 것이 일반적입니다. 학교는 매년 3월 1일에 시작하여 다음해 2월 말에 종료되는 경우가 일반적입니다.

(2) 1백만 원 이하의 경우라도 직무와 관련된 경우 과태료 부과 대상

직무와 무관한 경우에는 1회 1백만 원, 1회계연도 3백만 원을 초과하여 금품 등을 수수하거나 제공한 경우에 한해 처벌하는 반면, 직무와 관련성이 있는 경우에는 그 이하의 금액이라도 금품 등의 수수나 제공하겠다는 약속 등이 전부 금지됩니다. 다만 그 처벌은 과태료입니다. 이때 직무 관련성과 관련하여 그 해석을 어느 정도로 하느냐에 대해서 논란이 있을 수 있습니다. 일반적으로는 금품을 수수하는 당사자들 사이에 업무상 이해관계가 있는지 여부에 따라서 직무 관련성이 판단되어야 할 것으로 보이지만 구체적으로는 당사자들의 직업과, 금품의 많고 적음, 금품 수수의 경위 등을

종합적으로 고려해서 결정해야 할 것입니다.

(3) 직무 관련성과 대가성

청탁금지법에서 직무 관련성은 아주 중요한 개념입니다. 청탁금지법에서는 직무 관련성이 없더라도 1백만 원 초과 금액 제공 등을 할 경우 처벌받으며, 직무 관련성이 있다면 1백만 원 이하라도 처벌받습니다. 또한 직무 관련성은 공무수행 사인의 경우 공직자 등에 해당하는지 여부, 공직자 등의 배우자에 대한 금품 제공의 금지 및 신고 의무 판단, 외부 강연료 지급 한도 적용의 여부 등에 있어서도 중요한 기준이 됩니다.

직무 수행의 공정성을 의심하게 하는 금품 등의 수수를 금지하는 입법 취지에 비추어 보면, 기본적으로 청탁금지법상의 직무 관련성은 형법상 뇌물죄의 직무 관련성과 같은 의미를 가진다고 보입니다. 하지만 적용 범위에 대한 개념이 명확하지 않아 엄격하게 적용할 수도 있고 포괄적으로 넓게 해석할 수도 있는 개념입니다.

직무 관련성은 일반적 직무 관련성, 직접적 직무 관련성, 대가성으로 나눌 수 있습니다. 청탁금지법에서는 대가성까지 요구하지 않아도 일반적인 직무 관련성만 있으면 직무 관련성이 있다고 해석하며 직접적인 업무 관련성이나 대가성이 있는 경우에는 아무리 적은 금품 등이 오갔다 하더라도 대부분 청탁금지법 위반이라고 해석할 수 있습니다. 일반적 직무 관련성, 직접적 직무 관련성, 대가성 등의 개념은 금품 제공과 관련하여 형법상의 뇌물죄, 청탁금지법 위반 여부, 청탁금지법상 예외 사항 등을 적용할 때 구체적인 사안에 따라서 중요한 기준이 될 수 있습니다. 그리고 그 '직무'의 의미는 '공직자 등이 그 지위에 수반하여 취급하는 일체의 사무'이며 법령상 관장하는 직무 그 자체뿐만 아니라 그 직무와 밀접한 관계가 있는 행위 또는 관례적으로 사실상 소관하는 직무 행위 및 결정권자를 보좌하거나 영향을 줄 수 있는 직무 행위까지 포괄적으로 포함한다고 보아야 합니다.

몇 가지 예를 들어보겠습니다. 경찰청장이 1년에 3~4회 정도 전화로 안부를 나누는 정도의 사이였던 사람으로부터 미화 2만 달러를 받은 것을 대법원에서 뇌물죄로 인정한 사례가 있었습니다(대법원 2010 도 1082). 경찰청장은 직무상 또는 사실상 모든 범죄 수사에 관하여 영향력을 행사할 수 있는 지위에 있다고 보았기 때문이지요. 또 교도소에 근무하는 경비교도가 서신 연락이나 담배 반입 등 편의를 봐주고 금품을 받은 경우에도 뇌물죄로 인정했습니다(대법원 1987 도 1463). 경비교도가 교도관을 보조하여 사실상 재소자에 대한 간접 계호 업무를 담당한다고 보기 때문입니다. 법원의 경매계에 근무하는 공무원이 경락된 사건의 경락 허가 결정을 잘해달라는 부탁을 받고 금품을 받은 경우, 뇌물죄가 성립한다고 한 사례도 있었습니다(대법원 1984 도 2625). 이는 경매계 공무원이 경락 허가 결정에 대한 문안 작성 등 사무를 사실상 처리해왔기 때문이었습니다. 시청의 개인택시 면허 사무를 담당하는 과장이 개인택시 면허 발급과 관련하여 금품을 받은 경우 역시 뇌물죄를 인정하였습니다(대법원 1987 도 1472). 이외에도 검사실에서 근무하며 검사의 수사를 보좌하는 입회계장인 검찰주사가 범죄자로부터 기소 유예 처분의 선처를 부탁받고 돈을 받은 경우에도 뇌물죄를 인정한 경우가 있었습니다.

(4) 금품 등이란

'금품 등'에는 금전, 물품 기타의 재산적 이익뿐만 아니라 편의 제공 및 사람의 수요 욕망을 충족시키기에 족한 일체의 유·무형 이익이 포함됩니다. 그러므로 금전, 유가증권, 부동산, 물품, 숙박권, 회원권, 입장권, 할인권, 초대권, 관람권, 부동산 등의 사용권 등이나 음식물·주류·골프 등의 접대와 향응, 또는 교통·숙박 등의 편의 제공, 채무 면제, 취업 제공, 이권利權 부여, 성상납, 장학생선발 지원 기회 등도 포함됩니다.

시가(통상의 거래 가격)와 현저한 차이가 없는 이상 실제 지불된 비용으로 하고, 이를 알 수 없으면 시가를 기준으로 산정할 수 있습니다. 시가와 구매가가 다른 경우 영수증 등으로 구매가를 확인하게 됩니다. 그렇지 못할 경우엔 시가를 기준으로 산정하고, 상이한 가격 자료가 있는 경우엔 신빙성이 담보되는 객관적·합리적인 자료가 우선됩니다.

납품 기회를 제공한 경우에는 납품 가액에서 원가를 공제한 이익 또는 실제 수수 용역 대금에서 정당한 용역 가액을 공제한 이익을 기준으로 합니다. 향응은 당사자가 함께한 경우 실제 각자에게 소비된 비용으로, 그 비용의 산정이 어려운 경우 균등하게 분할한 금액으로 산정하며 공직자 등이 제삼자를 초대하여 함께 접대받은 경우 특별한 사정이 없는 한 제삼자의 접대에 들어간 비용은 공직자 등의 접대에 들어간 비용에 합산하게 됩니다.

원래는 금품 등을 요구하는 것도 하나의 죄이고, 금품을 제공하기로 약속을 하는 것도 하나의 죄이며, 금품을 현실적으로 제공하는 것도 하나의 죄입니다. 하지만 동일인에 대하여 금품 등을 요구하거나 받을 것을 약속한 후 이를 받은 경우에는 포괄하여 한 개의 위반 행위만 성립한다고 보아야 합니다.

(5) 예외로 허용되는 금원

공직자 등에 대한 금품 등 수수에 관하여 원칙적으로는 금지되어 있더라도 사회 상규에 반하지 않는 경우나 법령에서 근거가 있어 허용하는 경우에는 예외적으로 인정됩니다. 구체적인 예외 사항은 다음에 나오는 표에서 항목별로 소개하고 있습니다. 하지만 이는 어디까지나 '예외적으로' 인정하는 것이므로 그 인정 범위를 매우 엄격하게 해석해야 합니다.

상급자가 하급자에게 위로나 포상 목적으로 금품을 제공하는 경우에도 위로나 포상 등의 본래 목적에 맞지 않게 이를 빌미로 청탁을 위한 금품을 제공하여서는 안 됩니다. 음식 3만 원, 선물 5만 원, 결혼식이나 장례식 등 경조사에 보내는 10만 원의 금원도 원활한 직무 수행이나 사교 의례 목적의 범위로 엄격하게 제한되어야 합니다. 예를 들어 현재 인허가 신청을 한 상태에서 업무의 원활 목적과 무관하게 3만 원 이하의 식사를 담당 공무원에게 접대한다든지, 직무 관련자가 승진을 했다고 5만 원의 축하 난을 보낸다든지, 직무 관련자가 공직자 등의 돌잔치에 가서 10만 원 이하의 축하금을 제공하는 것은 청탁금지법에 위반됩니다. 공직자 등과 관련된 단체나 개인이 질병·재난 등으로 어려운 처지에 있는 공직자 등에게 금품을 제공하는 경우에도 과연 금품을 제공할 정도가 되는지를 엄격하게 판단하여야 하며, 공식적인 행사에서 주최자가 참석자에게 통상적으로 제공하는 교통, 숙박, 음식물 등 역시 참석자 중 공직자 등을 그룹으로 정해서 제공하는 것은 예외 사항에 해당하기 어렵고, 불특정 다수인에게 배포하기 위한 기념품 또는 홍보 용품을 제공하는 경우 등에 있어서도 불특정 다수 중 일정 그룹을 따로 선정해 지급할 경우 예외 사항에 해당하지 않을 수 있습니다.

금품 등 수수에 대한 예외 사항

1) 청탁금지법 제10조의 외부 강의 등에 관한 사례금(「청탁금지법시행령」 제25조 별표 2).
(공직자 등별 사례금 상한액)

가. 법 제2조 제2호 가목에 따른 공직자 등.

구분	장관급 이상	차관급	4급 이상	5급 이하
상한액	50만 원	40만 원	30만 원	20만 원

나. 법 제2조 제2호 나목에 따른 공직자 등.

구분	기관장	임원	그 외 직원
상한액	40만 원	30만 원	20만 원

다. 법 제2조 제2호 다목 및 라목에 따른 공직자 등(법 제2조 제2호 가목 또는 나목에 따른 공직자 등에도 해당하는 경우에는 가목 또는 나목에 따른다): 1백만 원.

라. 다만 위 사례금 상한액은 1시간당 사례금이며 만약 1시간을 초과하는 경우에는 1일 1시간 상한액의 150%를 넘지 않는 범위로 제한되며 1시간에 미치지 못하는 경우에는 1시간의 사례금을 받을 수 있다.

2) 공공기관이나 상급자가 위로·포상으로 하급 공직자 등에게 제공하는 금품 등.

3) 원활한 직무 수행 또는 사교·의례 목적으로 제공되는 경우(청탁금지법 시행령 제17조 별표 1).

음식물·경조사비·선물 등의 가액 범위(제17조 관련)

구분	가액 범위
1. 음식물: 제공자와 공직자 등이 함께하는 식사, 다과, 주류, 음료, 그 밖에 이에 준하는 것	3만 원
2. 경조사비: 축의금, 조의금 등 각종 부조금과 부조금을 대신하는 화환·조화, 그 밖에 이에 준하는 것	10만 원
3. 선물: 금전 및 제1호에 따른 음식물을 제외한 일체의 물품 또는 유가증권, 그 밖에 이에 준하는 것	5만 원

가. 제1호의 음식물, 제2호의 경조사비 및 제3호의 선물의 각각의 가액 범위는 각 호의 구분란에 해당하는 것을 모두 합산한 금액으로 한다.
나. 제1호의 음식물과 제3호의 선물을 함께 수수한 경우에는 그 가액을 합산한다. 이 경우 가액 범위는 5만 원으로 하되, 제1호 또는 제3호의 가액 범위를 각각 초과해서는 안 된다.
다. 제1호의 음식물과 제2호의 경조사비를 함께 수수한 경우 및 제2호의 경조사비와 제3호의 선물을 함께 수수한 경우에는 각각 그 가액을 합산한다. 이 경우 가액 범위는 10만 원으로 하되, 제1호부터 제3호까지의 규정에 따른 가액 범위를 각각 초과해서는 안 된다.
라. 제1호의 음식물, 제2호의 경조사비 및 제3호의 선물을 함께 수수한 경우에는 그 가액을 합산한다. 이 경우 가액 범위는 10만 원으로 하되, 제1호부터 제3호까지의 규정에 따른 가액 범위를 각각 초과해서는 안 된다.

4) 사적 거래 및 채무의 이행.
5) 친족이 제공하는 금품 등.
   제777조(친족의 범위)
      친족 관계로 인한 법률상 효력은 이 법 또는 다른 법률에 특별한 규정이 없는 한 다음 각호에 해당하는 자에 미친다.
         1. 8촌 이내의 혈족
         2. 4촌 이내의 인척
         3. 배우자

친족의 범위

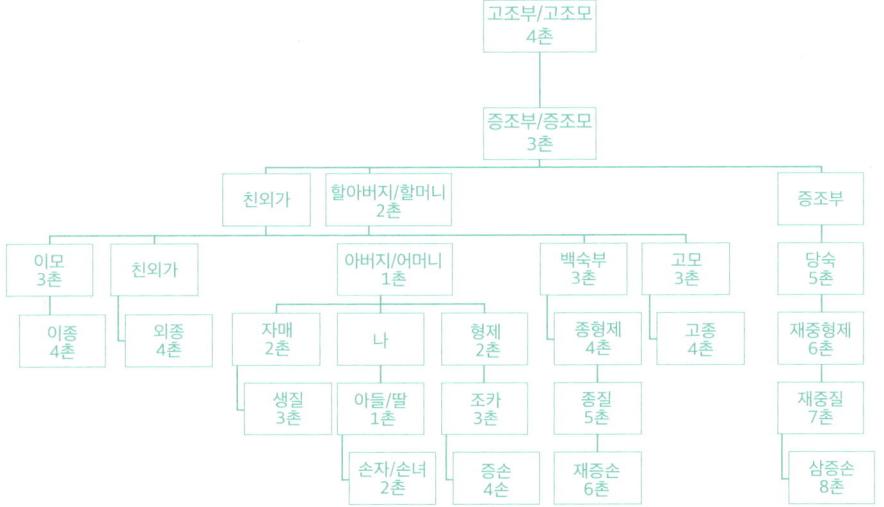

6) 공직자 등과 관련된 단체나 개인이 질병·재난 등으로 어려운 처지에 있는 공직자 등에게 제공하는 경우.
7) 공식적인 행사에서 주최자가 참석자에게 통상적으로 제공하는 교통, 숙박, 음식물 등.
8) 불특정 다수인에게 배포하기 위한 기념품 또는 홍보 용품.
9) 그 밖에 사회 상규에 따라 허용되는 금품 등.

(6) 수수 금지 금품 등의 신고 및 반환

공직자 등이 수수 금지되는 금원을 제공받았거나 또는 제공하겠다는 제안을 받은 경우에는 지체 없이 이를 거절하고 이를 소속 기관장 등에게 신고해야 합니다. 그리고 자신의 배우자가 자신의 직무와 관련하여 금품 등을 수수한 사실을 안 경우에도 지체 없이 소속 기관장 등에게 서면(전자 문서를 포함)으로 신고해야 합니다. 만약 신고하지 않으면 형사처벌이나 과태료 처분 혹은 징계 처분을 받을 수 있습니다. 또 이때 자신이나 배우자가 수령한 금품 즉시 반환해야 합니다. 다만, 부패나 변질의 우려가 있는 등의 사유가 있으면 소속 기관장 등에게 인도하도록 하고 있습니다.

(7) 금품 수수를 받은 공직자 등에 대한 조치

금품 등을 제공받은 공직자 등의 소속 기관장은 부정청탁의 경우와 마찬가지로 그 공직자 등에게 '직무 참여 일시중지, 직무 대

금지된 금품 제공 등에 대한 대응 조치

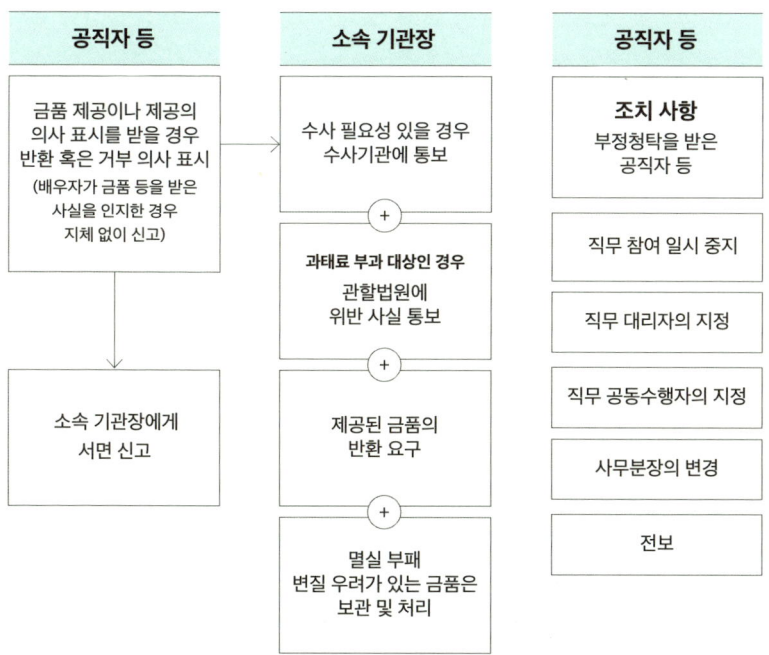

리자의 지정, 전보' 등의 조치를 할 수 있습니다. 다만 소속 기관장은 직무를 수행하는 공직자 등을 대체하기 지극히 어려운 경우, 공직자 등의 직무 수행에 미치는 영향이 크지 않은 경우, 국가의 안전 보장 및 경제 발전 등 공익 증진을 이유로 직무 수행을 계속할 필요성이 있는 경우 등은 금품 등을 수수한 공직자 등에게 계속 직무를 수행하게 할 수 있습니다.

이상에서 보는 바와 같이 공직자 등에게 금품 등을 제공하거나 금품 등을 제공하겠다고 약속하는 것, 공직자가 금품을 수수하는 것은 청탁금지법에서 가장 중점적으로 금지하는 행위입니다. 1회 1백만 원을 초과한 경우에는 직무와 관련이 없어도 형사처벌하며 직무와 관련이 있으면 작은 금액이라 할지라도 과태료 처분을 하도록 하고 있습니다. 따라서 청탁금지법에서는 금액이 많든 적든 금품이 오가는 행위에 대해서는 강력하게 처벌하고 있으므로 공직자 등은 물론 일반인 역시 이에 대해 주의를 기울일 필요가 있는 것입니다.

금품 수수의 유형과 처벌 정리표

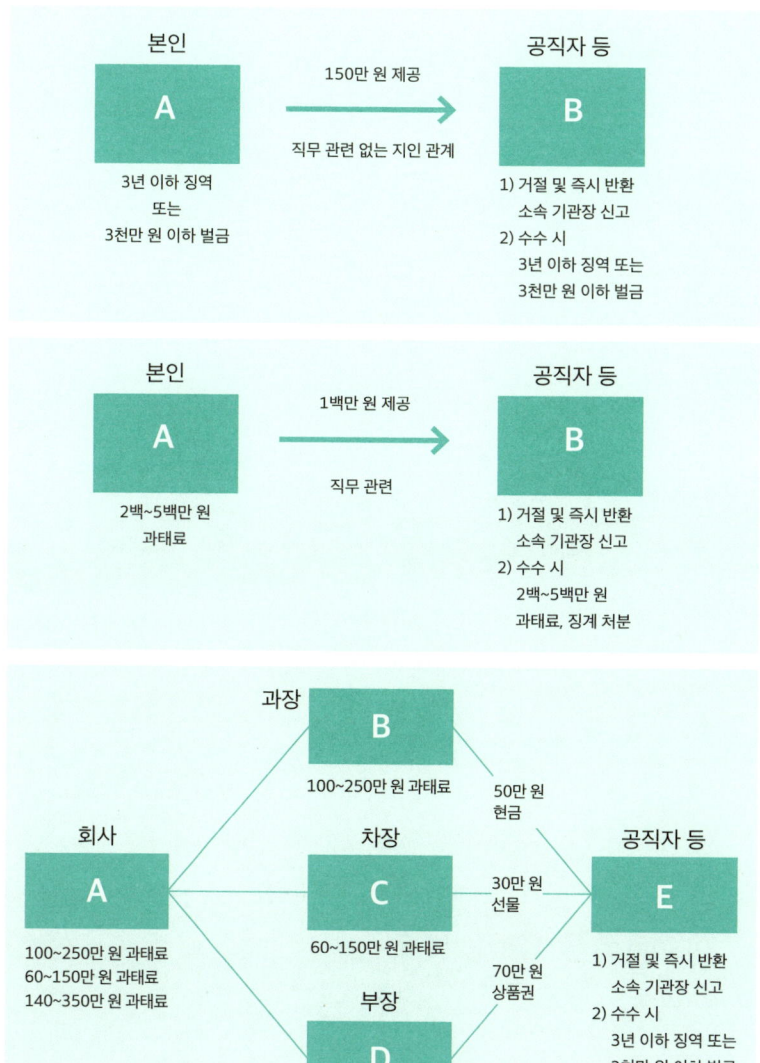

5

처벌은 이것이 전부이다

✓
부정청탁과 금품 등 수수, 딱 두 가지!

공공기관의 장은 청탁금지법 제5조, 제6조, 제8조를 위반하여 수행한 공직자 등의 직무 수행이 위법한 것으로 확인된 경우, 그 직무의 상대방에게 이미 지출·교부된 금전이나 물건이나 그 밖의 재산상 이득을 환수하도록 하고 있어 청탁금지법 위반자들에 대한 처벌은 물론이고 그로 인한 재산상 이득도 회수할 수 있도록 하고 있습니다.

부정청탁과 금품 수수에 따른 처벌은 무엇이 다른가?

청탁금지법은 크게 부정청탁을 처벌하는 부분과 금품 등 수수를 처벌하는 부분으로 나뉩니다. 우리는 이 두 가지를 분명하게 구분하여 알아둘 필요가 있습니다.

먼저 청탁을 하거나 금품 등을 제공하는 입장에서 보겠습니다. 청탁자 본인이 직접 자신의 일로 직무 담당자에게 청탁했다면 처벌하지 않습니다. 그러나 금품 등의 제공은 직무와 관련이 있든 없든, 직접 하든 제삼자를 통하든 처벌을 받게 됩니다. 또한 부정청탁을 받은 공직자는 첫 번째 청탁 시 거절한다는 의사 표시를 명백히 해야 하며 두 번째 청탁 시에는 소속 기관장 등에게 신고해야 합니다. 하지만 금품 등의 경우 이를 제공 혹은 제공하겠다는 약속을 받은 때 반드시 곧바로 소속 기관장 등에게 신고해야 합니다.

청탁 및 금품 등을 제공받는 입장에서 보는 부정청탁의 상대방은 그 해당 직무 수행자만을 말합니다. 금품 수수에 대해서는 1회당 1백만 원, 1회계연도 3백만 원을 초과해 수수한 모든 공직자 등이 해당하나, 그 이하의 금액은 직무 관련 공직자가 그 상대방이 됩니다. 그리고 해당 직무의 관련성 면에서 보자면, 부정청탁의 경우 14개 유형에 따른 부정청탁만을 처벌하고 있으나 금품 수수의 경우에는 직무 관련성만 있으면 충분하고 청탁 유무, 청탁 내용을 가리지 않습니다. 업무 처리 관련 부정청탁을 받은 공직자 등은 부정한 청탁에 따른 업무를 처리한 경우에만 형사처벌을 받지만 금품 등을 제공받은 공직자 등은 부정한 업무를 수행했든 하지 않았든 형사처벌을 받게 됩니다. 다만 청탁금지법에서는 금품 등을 제공한 자가 공직자 등일 때는 양벌규정 적용 대상에서 제외한다는 명문 규정을 두고 있습니다. 그런데 부정청탁을 한 자가 공직자 등인 경우에 대해서는 양벌규정 적용 대상에서 제외한다는 명문 규정이 없어 다소 제한적으로 보아야 합니다. 마지막으로 부정청탁의 경우, 청탁자는 과태료 처분 대상이며 부정 업무 수행자는 2년 이하의 징역이나 2천만 원 이하의 벌금 대상으로 청탁자가 훨씬 가벼운 형에 처해지나, 금품 수수에 대해서는 그 제공자나 제공받은 공직자 등이 동일하게 3년 이하의 징역 혹은 3천만 원 이하의 벌금 내지는 2~5배의 과태료 처벌을 받게 됩니다.

구분	부정청탁	금품 등 수수
주체	청탁자 (누구든지) 단, 청탁자가 직접 청탁 시 예외	제공자(누구든지) 제공자가 직접 제공 시도 처벌
대응	1회 청탁 시 명시적으로 거절 2회 청탁 시 소속 기관장에 신고	1회 제공 시 소속 기관장에게 신고
상대방	직무 수행자	전 공직자 등 (1회 1백만 원 초과) 직무 관련 공직자 (1회 1백만 원 이하)
해당 업무	14개 해당 업무	없음(1회 1백만 원 초과) 직무 관련 (1회 1백만 원 이하)
업무 처리	청탁으로 인하여 부정청탁에 따른 업무를 진행한 경우 공직자 형사처벌	금품 등 수수 공직자 부정한 업무 처리와 무관하게 형사처벌
양벌규정	공직자 등 제외 명문 없음	공직자 등이 소속된 기관 단체 제외
처벌	과태료 (청탁자) 2년 이하 징역 2천만 원 이하 벌금 (청탁 수행 공직자)	과태료(제공자, 1백만 원 이하 수수 공직자) 3년 이하 징역 3천만 원 이하 벌금 (제공자, 1백만 원 초과 수수 공직자)
공소시효	5년	5년

청탁금지법의 공소시효

청탁금지법상 금품을 1회 1백만 원 초과 수수한 경우 제공자나 수수자 모두 3년 이하의 징역이나 3천만 원 이하의 벌금에 처하게 되며 그 이하의 금액은 받은 금액의 2~5배 사이의 과태료 처분을 받게 됩니다. 그리고 부정청탁을 한 경우 청탁자는 1천만 원 또는 2천만 원 또는 3천만 원의 과태료, 부정한 청탁으로 업무를 수행한 공직자는 2년 이하의 징역이나 2천만 원 이하의 벌금에 처하게 됩니다.

청탁금지법에 대한 처벌 시효는 얼마나 될까요? 우선 「형사소송법」에 의하면 5년 미만의 징역형 등의 형에 처하는 범죄를 저지른 자에 대한 공소시효는 5년입니다. 즉, 범죄 행위가 완료된 날로부터 5년이 경과하면 검사는 공소 제기를 할 수 없습니다. 단, 만약 공범이 있어 공범 중 한 사람이 그 죄에 대해서 재판을 받고 있는 동안에는 공소시효가 진행되지 않으며 재판에서 형이 확정된 시점에 다시 공소시효가 진행됩니다. 만약 범죄자가 국외로 도주한 경우나 증거가 될 참고인을 도주시킨 경우에도 그 기간 동안 공소시효의 진행이 중단됩니다.

징역형이나 벌금형에 처할 범죄에 대해서는 공소시효가 있으나 과태료 처분의 경우에는 '공소'라는 개념이 없어서 공소시효가 적용될 수 없습니다. 다만 「질서위반행위규제법」에서는 과태료 처분에 해당하는 행위에 대해 질서 위반 행위가 종료된 날로부터 5년 이 지난 경우 과태료를 부과할 수 없다고 규정하고 있으며(제19조) 과태료 처분을 한 경우에도 그로부터 5년이 경과하면 시효로서 소멸한다(제15조)고 규정하고 있습니다. 그러므로 청탁금지법에 대한 처벌 시효는 5년이라고 보면 됩니다.

청탁금지법 위반과 뇌물죄·배임수증죄 비교

청탁금지법 위반 중 금품 수수에 대한 처벌 규정은 경우에 따라서 형법상의 뇌물죄나 배임수증죄와 매우 유사합니다. 다만 청탁금지법 위반은 공직자 등이 해당됐을 때 1회 1백만 원 초과 1회계연도 3백만 원을 초과하면 직무와 무관하게 금품이 수수되었더라도 처벌하며 위 금액 이하의 경우에는 직무 관련성이 있는 경우에만 처벌이 되나 형법상의 뇌물죄는 직무 관련성이나 대가성이 있어야만 처벌이 됩니다. 또한 배임수증죄는 타인의 사무를 처리하는 자가 그 임무에 관하여 부정한 청탁을 받고 재물이나 재산상 이익을 취득한 경우에 처벌이 됩니다. 청탁금지법 위반은 1회 1백만 원 초과, 1회계연도 3백만 원 초과면 제공자와 수수자 모두 징역 3년 이상 혹은 벌금 3천만 원 이하의 벌금형에 처할 수 있습니다. 한편 형법상 뇌물죄 위반 시 수뢰자는 5년 이하의 징역, 10년 이하의 자격정지에 처해지며(특정범죄가중처벌 등에 관한 법률 위반의 경우에는 수뢰액이 3천만 원 이상 5천만 원 미만인 경우에는 5년 이상의 유기징역, 5천만 원 이상 1억 원 미만의 경우에는 7년 이상의 유기징역, 1억 원 이상의 경우에는 무기 또는 10년 이상의 유기징역), 제공자는 5년 이하의 징역 혹은 2천만 원 이하의 벌금형에 처해집니다. 배임수증죄 위반 시에는 5년 이하의 징역 혹은 1천만 원 이하의 벌금, 제공자는 2년 이하의 징역 혹은 5백만 원 이하의 벌금에 처하게 됩니다. 청탁금지법 위반은 직무 관련성이 있는 경우 1회 1백만 원 이하, 1회계연도 3백만 원 이하면 2~5배의 과태료 처분을 할 수 있으며 이 경우 실질적인 금품 등의 제공이나 수수뿐만 아니라 금품 등을 제공하겠노라는 약속 등도 처벌 대상이 되며 실제로 그 직무를 행하지 않은 경우에도 처벌됩니다. 형법상 뇌물죄에서도 실질적인 금품 등의 수수뿐만 아니라 그에 대한 제안 약속 등도 처벌 대상이 되며 실제로 그 직무를 행하지 않은 경우에도 처벌됩니다. 그리고 업무에 대한 부정한 처사를 할 경우 1년 이상의 유기징역에 처하게 됩니다. 이에 반하여 배임수증죄는 부정한 청탁을 받고 재물이나 재산상 이득을 취한 경우에만 처벌됩니다.

각 법률상 처벌 규정 비교표

구분	청탁금지법	형법상 뇌물죄	형법상 배임수증죄
업무 관련성	-업무 관련 여부 불문 1회 1백만 원, 1회계연도 3백만 원 초과 시 처벌. -업무 관련성 존재 시 위 금액 이하 제공 및 수수 시에도 처벌.	업무 관련성 혹은 대가성 존재 요건.	타인의 사무를 처리하는 자가 그 임무에 관련하면 성립함.
부정한 처사	-처벌 요건 아님	가중 처벌	처벌 요건 아님. 단, 부당한 청탁 요건이 됨..
행위의 태양	-제안·제공·수수	약속·제공·수수	취득해야 처벌.
처벌의 정도	-1회 1백만 원, 1회계연도 3백만 원 초과 시 3년 이하 징역, 3천만 원 이하 벌금. -위 금액 이하 2~5배 과태료	-형법: 5년 이하의 징역, 10년 이하의 자격정지 특가법: 3천만 원 이상 5천만 원 미만(5년 이상 징역). 5천만 원 이상 1억원 미만(7년 이상 징역, 1억 원 이상 (무기 또는 10년 이상 징역). 2~5배 벌금 또한 병과 -제공자: 5년 이하의 징역, 2천만 원 이하의 벌금	-5년 이하 징역 또는 1천만 원 이하의 벌금 -제공자: 2년 이하의 징역 혹은 5백만 원 이하의 벌금
공소시효	-5년	-형법: 7년 -특가법: 1억 미만 7년, 1억 이상: 15년 -제공자: 7년	-7년
쌍벌 정도	-제공자 및 수수자 -동일 기준 처벌	-수수자: 중한 처벌 -제공자: 경한 처벌	-수수자: 중한 처벌 -제공자: 경한 처벌

「청탁금지법」

제22조(벌칙)

① 다음 각 호의 어느 하나에 해당하는 자는 3년 이하의 징역 또는 3천만 원 이하의 벌금에 처한다.

1. 제8조 제1항을 위반한 공직자 등(제11조에 따라 준용되는 공무수행 사인을 포함한다). 다만, 제9조 제1항·제2항 또는 제6항에 따라 신고하거나 그 수수 금지 금품 등을 반환 또는 인도하거나 거부의 의사를 표시한 공직자 등은 제외한다.
2. 자신의 배우자가 제8조 제4항을 위반하여 같은 조 제1항에 따른 수수 금지 금품 등을 받거나 요구하거나 제공받기로 약속한 사실을 알고 제9조 제1항 제2호 또는 같은 조 제6항에 따라 신고하지 아니한 공직자 등(제11조에 따라 준용되는 공무수행 사인을 포함한다). 다만, 공직자 등 또는 배우자가 제9조 제2항에 따라 수수 금지 금품 등을 반환 또는 인도하거나 거부의 의사를 표시한 경우는 제외한다.
3. 제8조 제5항을 위반하여 같은 조 제1항에 따른 수수 금지 금품 등을 공직자 등(제11조에 따라 준용되는 공무수행 사인을 포함한다) 또는 그 배우자에게 제공하거나 그 제공의 약속 또는 의사 표시를 한 자.
4. 제15조 제4항에 따라 준용되는 「공익신고자 보호법」 제12조 제1항을 위반하여 신고자 등의 인적 사항이나 신고자 등임을 미루어 알 수 있는 사실을 다른 사람에게 알려주거나 공개 또는 보도한 자.
5. 제18조를 위반하여 그 업무 처리 과정에서 알게 된 비밀을 누설한 공직자 등.

② 다음 각 호의 어느 하나에 해당하는 자는 2년 이하의 징역 또는 2천만 원 이하의 벌금에 처한다.

1. 제6조를 위반하여 부정청탁을 받고 그에 따라 직무를 수행한 공직자 등(제11조에 따라 준용되는 공무수행 사인을 포함한다).
2. 제15조 제2항을 위반하여 신고자 등에게 「공익신고자 보호법」 제2조 제6호 가목에 해당하는 불이익 조치를 한 자.
3. 제15조 제4항에 따라 준용되는 「공익신고자 보호법」 제21조 제2항에 따라 확정되거나 행정 소송을 제기하여 확정된 보호 조치 결정을 이행하지 아니한 자.

③ 다음 각 호의 어느 하나에 해당하는 자는 1년 이하의 징역 또는 1천만 원 이하의 벌금에 처한다.

　1. 제15조 제1항을 위반하여 신고 등을 방해하거나 신고 등을 취소하도록 강요한 자.
　2. 제15조 제2항을 위반하여 신고자 등에게 「공익신고자 보호법」 제2조 제6호 나목부터 사목까지의 어느 하나에 해당하는 불이익 조치를 한 자.

④ 제1항 제1호부터 제3호까지의 규정에 따른 금품 등은 몰수한다. 다만, 그 금품등의 전부 또는 일부를 몰수하는 것이 불가능한 경우에는 그 가액을 추징한다.

제23조(과태료 부과)

① 다음 각 호의 어느 하나에 해당하는 자에게는 3천만 원 이하의 과태료를 부과한다.

　1. 제5조 제1항을 위반하여 제삼자를 위하여 다른 공직자 등(제11조에 따라 준용되는 공무수행 사인을 포함한다)에게 부정청탁을 한 공직자 등(제11조에 따라 준용되는 공무수행 사인을 포함한다). 다만, 「형법」 등 다른 법률에 따라 형사처벌을 받은 경우에는 과태료를 부과하지 아니하며, 과태료를 부과한 후 형사처벌을 받은 경우에는 그 과태료 부과를 취소한다.
　2. 제15조 제4항에 따라 준용되는 「공익신고자 보호법」 제19조 제2항 및 제3항(같은 법 제22조 제3항에 따라 준용되는 경우를 포함한다)을 위반하여 자료 제출, 출석, 진술서의 제출을 거부한 자.

② 제5조 제1항을 위반하여 제삼자를 위하여 공직자 등(제11조에 따라 준용되는 공무수행 사인을 포함한다)에게 부정청탁을 한 자(제1항 제1호에 해당하는 자는 제외한다)에게는 2천만 원 이하의 과태료를 부과한다. 다만, 「형법」 등 다른 법률에 따라 형사처벌을 받은 경우에는 과태료를 부과하지 아니하며, 과태료를 부과한 후 형사처벌을 받은 경우에는 그 과태료 부과를 취소한다.

③ 제5조 제1항을 위반하여 제삼자를 통하여 공직자 등(제11조에 따라 준용되는 공무수행 사인을 포함한다)에게 부정청탁을 한 자(제1항 제1호 및 제2항에 해당하는 자는 제외한다)에게는 1천만 원 이하의 과태료를 부과한다. 다만,

「형법」 등 다른 법률에 따라 형사처벌을 받은 경우에는 과태료를 부과하지 아니하며, 과태료를 부과한 후 형사처벌을 받은 경우에는 그 과태료 부과를 취소한다.

④ 제10조 제5항에 따른 신고 및 반환 조치를 하지 아니한 공직자 등에게는 5백만 원 이하의 과태료를 부과한다.

⑤ 다음 각 호의 어느 하나에 해당하는 자에게는 그 위반 행위와 관련된 금품등 가액의 2배 이상 5배 이하에 상당하는 금액의 과태료를 부과한다. 다만, 제22조 제1항 제1호부터 제3호까지의 규정이나 「형법」 등 다른 법률에 따라 형사처벌(몰수나 추징을 당한 경우를 포함한다)을 받은 경우에는 과태료를 부과하지 아니하며, 과태료를 부과한 후 형사처벌을 받은 경우에는 그 과태료 부과를 취소한다.

> 1. 제8조 제2항을 위반한 공직자 등(제11조에 따라 준용되는 공무수행 사인을 포함한다). 다만, 제9조 제1항·제2항 또는 제6항에 따라 신고하거나 그 수수 금지 금품 등을 반환 또는 인도하거나 거부의 의사를 표시한 공직자 등은 제외한다.
> 2. 자신의 배우자가 제8조 제4항을 위반하여 같은 조 제2항에 따른 수수 금지 금품 등을 받거나 요구하거나 제공받기로 약속한 사실을 알고도 제9조 제1항 제2호 또는 같은 조 제6항에 따라 신고하지 아니한 공직자 등(제11조에 따라 준용되는 공무수행 사인을 포함한다). 다만, 공직자 등 또는 배우자가 제9조 제2항에 따라 수수 금지 금품 등을 반환 또는 인도하거나 거부의 의사를 표시한 경우는 제외한다.
> 3. 제8조 제5항을 위반하여 같은 조 제2항에 따른 수수 금지 금품 등을 공직자 등(제11조에 따라 준용되는 공무수행 사인을 포함한다). 또는 그 배우자에게 제공하거나 그 제공의 약속 또는 의사 표시를 한 자.

⑥ 제1항부터 제5항까지의 규정에도 불구하고 「국가공무원법」, 「지방공무원법」 등 다른 법률에 따라 징계부가금 부과의 의결이 있은 후에는 과태료를 부과하지 아니하며, 과태료가 부과된 후에는 징계부가금 부과의 의결을 하지 아니한다.

⑦ 소속 기관장은 제1항부터 제5항까지의 과태료 부과 대상자에 대해서는 그 위반 사실을 「비송사건절차법」에 따른 과태료 재판 관할법원에 통보하여야 한다.

청탁금지법상 처벌 규정 정리표

유형	위반행위		제재수준
부정청탁 금지	■ 공직자 등에게 직접 자신을 위하여 부정청탁을 한 이해당사자		제재 없음
	■ 공직자 등에게 제삼자를 통해 부정청탁을 한 이해당사자		1천만 원 이하 과태료
	■ 제삼자를 위하여 부정청탁을 한 자	공직자 등을 제외한 일반인	2천만 원 이하 과태료
		공직자 등	3천만 원 이하 과태료
	■ 부정청탁을 받고 그에 따라 직무를 수행한 공직자 등		2년 이하 징역, 2천만 원 이하 벌금
금품 등 수수 금지	■ 직무 관련 여부 명목에 관계없이 1회 1백만 원(1회계연도 3백만 원)을 초과한 금품 등을 수수한 공직자 등 * 배우자의 금품 등 수수 사실을 알고도 신고 또는 반환(인도)하지 않은 공직자 등 * 금품 등을 공직자 등이나 그 배우자에게 제공한 자		3년 이하 징역, 3천만 원 이하 벌금 (몰수·추징 대상)
	■ 직무와 관련하여 1회 1백만 원 이하의 금품 등을 수수한 공직자 등 * 배우자의 금품 등 수수 사실을 알고도 신고 또는 반환(인도)하지 않은 공직자 등 * 금품 등을 공직자 등이나 그 배우자에게 제공한 자		수수금액의 2배 이상 5배 이하 과태료
	■ 외부 강의 등 초과 사례금을 수수 후 신고 및 반환하지 않은 공직자 등		5백만 원 이하 과태료
기타	■ 신고자 등의 인적 사항이나 신고자 등임을 미루어 알 수 있는 사실을 다른 사람에게 알려주거나 공개 또는 보도한 자 ■ 위반 행위의 신고 및 조치 등의 업무를 수행하거나 수행하였던 공직자 등이 업무 처리 과정에서 알게 된 비밀을 누설한 경우		3년 이하 징역, 3천만 원 이하 벌금
	■ 신고자 등에게 신고 등을 이유로 「공익신고자보호법」제2조 제6호[2]) 가목에 해당하는 신분상의 불이익 조치를 한 자 ■ 확정된 보호 조치 결정을 이행하지 않은 자		2년 이하 징역, 2천만 원 이하 벌금
	■ 신고 등을 방해하거나 신고 등을 취소하도록 강요한 자 ■ 신고자 등에게 신고 등을 이유로 「공익신고자보호법」제2조 제6호 나목부터 사목까지[3])의 어느 하나에 해당하는 신분상의 불이익 조치를 한 자		1년 이하 징역, 1천만 원 이하 벌금
	■ 위원회가 보호 조치의 신청에 대한 조사에 필요하다고 인정하여 관련 자료 제출, 출석, 진술서의 제출을 요구하였음에도 이를 거부한 자		3천만 원 이하 과태료

6

임직원이 잘못하면
기업도 처벌받는다

✓

양벌규정과 면책 사유를 반드시 확인하라!

이번에는 '양벌규정'에 대해 자세히 알아보겠습니다. 양벌규정이란, 법인이나 단체의 대표자 혹은 임직원이 업무와 관련하여 부정한 청탁을 하거나, 공직자 등 혹은 그 배우자에게 금품 등을 제공한 경우 그 행위자인 개인을 처벌하는 것 이외에 그 법인이나 단체 혹은 사업주까지 함께 처벌하는 것을 말합니다. 하지만 법인이나 단체 혹은 사업주가 임직원의 위반 행위를 방지하기 위하여 평소 상당한 주의와 감독을 게을리하지 않은 경우에는 면책받을 수 있습니다.

양벌규정의 대상이 되는 법인 또는 단체

청탁금지법상 양벌규정에 의하여 위반 행위를 저지른 임직원의 사용자인 법인·단체·개인(개인 사업자인 경우)은 양벌규정 대상이 됩니다. 그러므로 그 임직원을 고용한 주식회사, 유한회사 등의 회사와, 사단법인, 재단법인, 개인 사업체의 사업주는 양벌규정에 따라서 처벌을 받게 됩니다. 양벌규정 대상이 되는 법인단체에 국가나 지방자치단체·공직유관단체·언론사·학교 등이 포함되는 것인지에 대해서는 논란이 있을 수 있습니다. 우선 국가공무원의 경우, 형벌과 과태료 부과의 주체가 국가이므로 국가공무원이 청탁금지법을 위반하더라도 국가가 국가 자신에게 형벌이나 과태료를 부과할 수는 없으므로 국가는 제외된다고 보아야 합니다. 그 외 지방자치단체와 공공기관과 언론사·학교법인은 이론적으로 청탁금지법 대상이 될 수 있습니다. 하지만 청탁금지법의 취지를 반영하면 매우 제한적으로 보아야 합니다.

양벌규정의 대상이 되는 청탁금지법 위반 행위는 크게 두 가지로 분류됩니다. 그중 임직원이 금품 등을 제공하거나 제공을 약속한 행위를 처벌하기 위한 청탁금지법 제22조 제1항 3호(1회 1백만 원, 1회계연도 3백만 원 초과 금품 제공 금지), 제23조 제5항 3호(1회 1백만 원, 1회계연도 3백만 원 이하 금품 제공 금지)에서는 금품의 제공자가 공직자 등인 때를 제외하고 있으므로 양벌규정은 매우 예외적으로만 해당됩니다. 그리고 제23조 제2항(제삼자를 위하여 공직자 등에게 부정한 청탁을 한 경우), 제23조 제3항(제삼자를 통하여 공직자 등에게 부정한 청탁을 한 경우)에도 부정한 청탁을 한 자가 공직자가 아님을 전제로 한 것이므로 이 경우에도 양벌규정이 적용되는 것은 아니라고 보아야 할 것입니다.

그러므로 청탁금지법 적용의 대상이 되는 기관이나 단체는 청탁금지법 위반으로 인해 양벌규정의 적용을 받는 경우는 거의 없다고 볼 수 있습니다.

면책 사유

그런데 법인이나 단체, 사업체에는 임직원이 적게는 수십 명에서 많게는 수만 명이 있을 수 있습니다. 이렇게 많은 임직원들 하나하나의 행동을 관리하기란 어려운 일입니다. 그렇기 때문에 청탁금지법에서는 법인, 단체, 사업주가 임직원들의 위반 행위를 방지하기 위하여 평상시 상당한 주의와 감독을 게을리하지 않은 경우에는 면책해주는 규정을 두고 있습니다. 결국 청탁금지법에 대비해 기업은 '상당한 주의와 감독을 게을리하지 않는 시스템'을 회사 내에 구축하고 이를 실효성 있게 운영하는 대응 전략을 짜는 데 집중해야 합니다.

이에 대해서 이미 미국과 영국 등 선진국에는 '부패 방지 컴플라이언스' 프로그램들이 잘 정착되어 있으므로 이에 대해 관심을 두고 꾸준히 연구하는 것이 매우 중요합니다. 이 컴플라이언스에 대해서는 뒤에서 더욱 자세히 다루겠습니다.

「청탁금지법」

제24조(양벌규정)

법인 또는 단체의 대표자나 법인·단체 또는 개인의 대리인, 사용인, 그 밖의 종업원이 그 법인·단체 또는 개인의 업무에 관하여 제22조 제1항 제3호 [금품 등의 제공자가 공직자 등(제11조에 따라 제8조가 준용되는 공무수행 사인을 포함한다)인 경우는 제외한다], 제23조 제2항, 제23조 제3항 또는 제23조 제5항 제3호 [금품 등의 제공자가 공직자 등(제11조에 따라 제8조가 준용되는 공무수행 사인을 포함한다)인 경우는 제외한다]의 위반 행위를 하면 그 행위자를 벌하는 외에 그 법인·단체 또는 개인에게도 해당 조문의 벌금 또는 과태료를 과한다. 다만, 법인·단체 또는 개인이 그 위반 행위를 방지하기 위하여 해당 업무에 관하여 상당한 주의와 감독을 게을리하지 아니한 경우에는 그러하지 아니한다.

7

신고자는 불이익 없이 보호받는다

✓

김영란법 신고자는
공익신고자로서 존중되고 보호된다!

청탁금지법상의 부정청탁 행위나 금품 수수 행위 등은 매우 은밀하게 이루어지고 이해관계인들 사이에서 비밀 유지가 잘될 가능성이 높으므로 내부 고발 등 신고자 역할이 아주 중요합니다. 청탁금지법은 신고 활동을 장려하기 위해서 내부 고발자나 신고자가 불이익을 받지 않도록 불이익 금지 조항을 두고 있으며, 신고자 신분에 대한 비밀을 보장합니다.

「청탁금지법」

제15조(신고자 등의 보호·보상)
① 누구든지 다음 각 호의 어느 하나에 해당하는 신고 등(이하 '신고 등'이라 한다)을 하지 못하도록 방해하거나 신고 등을 한 자(이하 '신고자 등'이라 한다)에게 이를 취소하도록 강요해서는 아니 된다.
② 누구든지 신고자 등에게 신고 등을 이유로 불이익 조치(「공익신고자 보호법」 제2조 제6호에 따른 불이익 조치를 말한다. 이하 같다)를 해서는 아니 된다.
③ 이 법에 따른 위반 행위를 한 자가 위반 사실을 자진하여 신고하거나 신고자

등이 신고 등을 함으로 인하여 자신이 한 이 법 위반 행위가 발견된 경우에는 그 위반 행위에 대한 형사처벌, 과태료 부과, 징계 처분, 그 밖의 행정 처분 등을 감경하거나 면제할 수 있다.
④ 제1항부터 제3항까지에서 규정한 사항 외에 신고자 등의 보호 등에 관하여는 「공익신고자 보호법」 제11조부터 제13조까지, 제14조 제3항부터 제5항까지 및 제16조부터 제25조까지의 규정을 준용한다. 이 경우 '공익신고자 등'은 '신고자 등'으로, '공익신고 등'은 '신고 등'으로 본다.

청탁금지법의 법 규정을 살펴보면 신고자는 제13조에서 언급하는 '누구든지 할 수 있는 일반 신고자'와 제7조와 제9조에서 언급한 '공직자 등의 의무 신고자'로 구분됩니다. 일반 신고자가 신고를 하고 말고는 개인의 자유지만, 공직자는 신고할 의무가 있으므로 신고하지 않으면 징계 처분을 받게 됩니다.

「청탁금지법」

제13조(위반 행위의 신고 등)

① 누구든지 이 법의 위반 행위가 발생하였거나 발생하고 있다는 사실을 알게 된 경우에는 다음 각 호의 어느 하나에 해당하는 기관에 신고할 수 있다.

1. 이 법의 위반 행위가 발생한 공공기관 또는 그 감독기관
2. 감사원 또는 수사기관
3. 국민권익위원회

제7조(부정청탁의 신고 및 처리)

① 공직자 등은 부정청탁을 받았을 때에는 부정청탁을 한 자에게 부정청탁임을 알리고 이를 거절하는 의사를 명확히 표시하여야 한다.

② 공직자 등은 제1항에 따른 조치를 하였음에도 불구하고 동일한 부정청탁을 다시 받은 경우에는 이를 소속 기관장에게 서면(전자 문서를 포함한다. 이하 같다)으로 신고하여야 한다.

제9조(수수 금지 금품 등의 신고 및 처리)

① 공직자 등은 다음 각 호의 어느 하나에 해당하는 경우에는 소속 기관장에게 지체 없이 서면으로 신고하여야 한다.

  1. 공직자 등 자신이 수수 금지 금품 등을 받거나 그 제공의 약속 또는 의사 표시를 받은 경우
  2. 공직자 등이 자신의 배우자가 수수 금지 금품 등을 받거나 그 제공의 약속 또는 의사 표시를 받은 사실을 안 경우

비밀 유지 및 보호

은밀하게 이루어진 부정청탁이나 금품 등 수수를 내부자 또는 외부자가 신고하는 경우, 선량한 신고자가 위법 행위자들이나 그 위법 행위자가 소속된 단체 등에 의해 피해를 입는 경우가 종종 발생합니다. 그러므로 신고자에 대한 비밀 유지와 신변 보호는 반드시 필요합니다. 청탁금지법은 신고자의 신변 보호를 위해 신고자 또는 협조자의 인적 사항 등을 절대 공개하지 않습니다. 또한 누구든지 신고자의 동의 없이 그의 인적 사항이나 신고자임을 미루어 짐작할 수 있는 사실을 다른 사람에게 알려주거나 공개 또는 보도하는 행위를 금지하고 있습니다. 또한 만약 신고자나 그 친족 동거인이 신고를 이유로 생명 및 신체에 중대한 위해를 입었거나 입을

우려가 명백한 경우에는 신변 보호 조치를 요구할 수 있습니다. 그리고 신고자 등의 동의 없이 그 사실을 공개한 자는 3년 이하의 징역 또는 3천만 원 이하의 벌금에 처해지게 됩니다. 위와 같은 처벌은 1회 1백만 원, 1회계연도 3백만 원을 초과한 금원을 수수한 공직자에 대한 처벌 규정과 동일한 수준입니다.

또 신고자에 대해 파면·해임·해고·징계·정직·감봉·승진 제한 등과 그 밖에 부당한 인사 조치 등, 어떠한 불이익도 금지됩니다. 위반 사실을 본인이 자진해 신고하거나 신고로 인해 신고자의 위반 행위가 발견된 경우에는 형사처벌이나 과태료 부과, 징계 처분 등을 감경하거나 면제할 수 있도록 규정되어 있습니다.

「청탁금지법」

제18조(비밀 누설 금지)

다음 각 호의 어느 하나에 해당하는 업무를 수행하거나 수행하였던 공직자 등은 그 업무 처리 과정에서 알게 된 비밀을 누설해서는 아니 된다. 다만, 제7조 제7항에 따라 공개하는 경우에는 그러하지 아니하다.

1. 제7조에 따른 부정청탁의 신고 및 조치에 관한 업무
2. 제9조에 따른 수수 금지 금품 등의 신고 및 처리에 관한 업무

신고 시 처리 절차

청탁금지법 위반 사실을 안 사람은 누구든지 그 위반 행위가 발생한 공공기관 또는 그 감독기관, 감사원 또는 수사기관, 국민권익위원회 등에 신고할 수 있습니다. 신고자는 신고의 취지·이유·내용을 적고 서명한 뒤 이 문서와 신고 대상 및 증거 등을 함께 제출해야 합니다. 위 신고를 받은 기관에서는 그 내용에 관하여 필요한 조사·감사 또는 수사를 해야 하고 조사·감사·수사 등을 마친 날로부터 10일 이내에 그 결과를 신고자와 국민권익위원회에 알려야 합니다.

신고자는 조사 결과에 대해서 조사 기관에 이의 신청을 할 수 있으며 국민권익위원회 등은 조사·감사 또는 수사 결과가 충분하지 않다고 인정되는 경우 새로운 증거 자료의 제출 등 합리적인 이유를 들어 조사 기관에 재조사를 요구할 수 있습니다. 재조사를 요구받은 기관은 재조사를 종료한 날로부터 7일 이내에 그 결과를 국민권익위원회에 알려야 하며 국민권익위원회는 즉시 신고자에게 재조사 결과의 요지를 알리도록 하고 있습니다.

신고 및 처리 절차 체계도

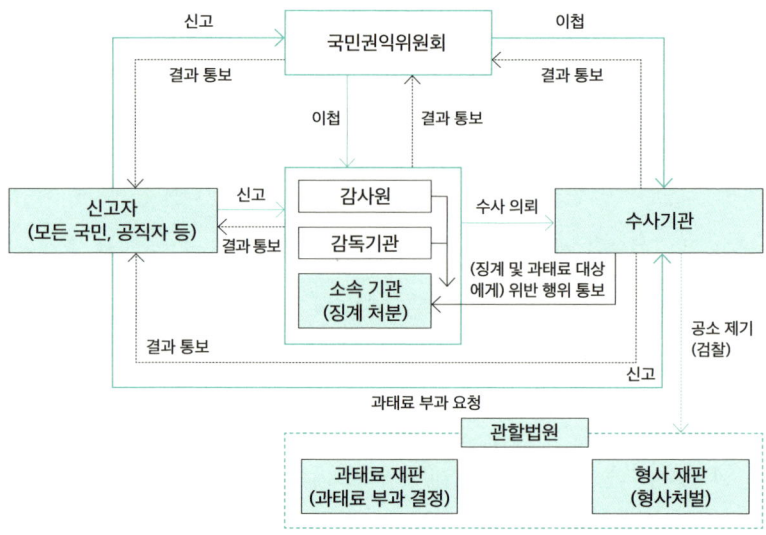

<참고> 신고자 보호 규정 위반 시 제재 규정 비교표

	공익신고자 보호법 제30조(벌칙) 제31조(과태료)	청탁금지법 제22조(벌칙) 제23조(과태료)
신고자 등의 인적 사항 등 공개 금지 위반 시	3년 이하의 징역, 3천만 원 이하의 벌금 (제30조① 제2호)	2년 이하의 징역, 3천만 원 이하의 벌금 (제22조① 제4호)
불이익 조치 시 (파면, 해임 등 신분상)	2년 이하의 징역, 2천만 원 이하의 벌금 (제30조② 제1호)	2년 이하의 징역, 2천만 원 이하의 벌금 (제22조② 제2호)
불이익 조치 시 (신분상 불이익 조치 외)	1년 이하의 징역, 1천만 원 이하의 벌금 (제30조③ 제1호)	1년 이하의 징역, 1천만 원 이하의 벌금 (제22조③ 제2호)
보호 조치 결정 (조치 요구) 불이행 시	2년 이하의 징역, 2천만 원 이하의 벌금 (제30조② 제2호)	2년 이하의 징역, 2천만 원 이하의 벌금 (제22조② 제3호)
신고 방해 및 신고 취소 강요 시	1년 이하의 징역, 1천만 원 이하의 벌금 (제30조③ 제2호)	1년 이하의 징역, 1천만 원 이하의 벌금 (제22조③ 제1호)
자료 제출, 출석, 진술서 제출 거부 등	3천만 원 이하의 과태료 (제31조①)	3천만 원 이하의 과태료 (제23조① 제2호)
행정심판 대상 여부	행정심판 청구 금지 명시(제21조③)	공익신고자 보호법 준용(제15조④)

8
란파라치로
돈을 벌 수도 있을까?

✓
란파라치로 대박 내기는 거의 불가능하다!

'란파라치'란 '파파라치'와 '김영란법'이 합쳐진 용어입니다. 청탁금지법은 신고자에게 일정한 요건 하에 그에 대한 포상이나 보상을 할 수 있는 근거 규정을 두고 있습니다. 그래서 청탁금지법 위반 사례 등을 적발하여 신고하면 그에 따른 포상이나 보상을 받아 돈을 벌 수 있다고 생각할 수 있는데요. 언론에서는 '란파라치 학원'에 사람들이 몰린다고 보도하고 있습니다. 모 언론사에서는 '청탁금지법 시행 일주일, 란파라치 활기'라는 제목 아래, '란파라치 건당 2억 원, 예행 연습까지'란 부제를 달아서 '거액의 보상금이나 포상금이 걸린 김영란법 위반 사례를 찾는 방법을 가르치는 학원에 인생 역전을 노리는 사람들이 모여들어 문전성시를 이루고 있다'는 취지의 기사를 내기도 했습니다.

「청탁금지법」

제15조(신고자 등의 보호·보상)

⑤ 국민권익위원회는 제13조 제1항에 따른 신고로 인하여 공공기관에 재산상 이익을 가져오거나 손실을 방지한 경우 또는 공익의 증진을 가져온 경우에는 그 신고자에게 포상금을 지급할 수 있다.
⑥ 국민권익위원회는 제13조 제1항에 따른 신고로 인하여 공공기관에 직접적인 수입의 회복·증대 또는 비용의 절감을 가져온 경우에는 그 신고자의 신청에 의하여 보상금을 지급하여야 한다.
⑦ 제5항과 제6항에 따른 포상금·보상금 신청 및 지급 등에 관하여는 「부패 방지 및 국민권익위원회의 설치와 운영에 관한 법률」 제68조부터 제71조까지의 규정을 준용한다. 이 경우 '부패 행위의 신고자'는 '제13조 제1항에 따라 신고를 한 자'로, '이 법에 따른 신고'는 '제13조 제1항에 따른 신고'로 본다.

포상 및 보상의 요건과 내용

청탁금지법상 부정청탁이나 금품 수수에 대해서는 누구든지 신고할 수 있습니다. 신고자에게 지급하는 금원은 포상과 보상으로 나뉘는데, 신고자의 신고가 공공기관에 재산상 이익을 가져오거나 손실을 방지한 경우 또는 공익 증진을 가져온 경우에는 포상금을, 그 신고로 인하여 공공기관에 직접적인 수입의 회복 및 증대 또는 비용의 절감을 가져온 경우에는 보상금을 받을 수 있습니다. 그 구체적인 절차와 방법 등에 대해서는 「부패방지 및 국민권익위원회의 설치와 운영에 관한 법률」에서 규정하고 있습니다.

포상은 금품을 받은 사람이 신고한 경우 신고한 금원의 30% 범위 내에서 지급하되 5억 원을 한도로 하며 이 경우를 제외한 경우는 2억 원이 한도입니다. 보상은 30억 원을 한도로 하고 있습니다. 그리고 이 보상금과 포상금은 동일한 위반 행위에 대한 신고 시 중복 지급되지 않습니다. 2명 이상이 각각 신고한 경우에는 하나의 신고로 간주하여 보상 및 포상 금액을 정하며, 각각의 신고자에게는 사건 해결에 기여한 정도에 따라 그 금액을 나누어 지급하게 됩니다.

「부패방지 및 국민권익위원회의 설치와 운영에 관한 법률」

제68조(포상 및 보상)

① 위원회는 이 법에 따른 신고에 의하여 현저히 공공기관에 재산상 이익을 가져오거나 손실을 방지한 경우 또는 공익의 증진을 가져온 경우에는 신고를 한 자에 대하여 상훈법 등의 규정에 따라 포상을 추천할 수 있으며, 대통령령으로 정하는 바에 따라 포상금을 지급할 수 있다.
② 부패 행위의 신고자는 이 법에 따른 신고로 인하여 직접적인 공공기관 수입의 회복이나 증대 또는 비용의 절감을 가져오거나 그에 관한 법률 관계가 확정된 때에는 위원회에 보상금의 지급을 신청할 수 있다. 이 경우 보상금은 불이익 처분에 대한 원상회복 등에 소요된 비용을 포함한다.
③ 위원회는 제2항에 따른 보상금의 지급 신청을 받은 때에는 제69조에 따른 보상심의위원회의 심의·의결을 거쳐 대통령령으로 정하는 바에 따라 보상금을 지급하여야 한다. 다만, 공직자가 자기 직무와 관련하여 신고한 사항에 대하여는 보상금을 감액하거나 지급하지 아니할 수 있다.
④ 제2항에 따른 보상금의 지급 신청은 공공기관 수입의 회복이나 증대 또는 비용의 절감에 관한 법률 관계가 확정되었음을 안 날부터 2년 이내에 하여야 한다.

「부패 방지 및 국민권익위원회의 설치와 운영에 관한 법률 시행령」

제71조(포상금의 지급 사유 등)

① 제68조 제1항에 따라 포상금을 지급할 수 있는 경우는 다음 각 호의 어느 하나에 해당하는 경우를 말한다.

1. 부패 행위자에 대하여 공소제기·기소유예·기소중지, 통고 처분, 과태료 또는 과징금의 부과, 징계 처분 및 시정 조치 등이 있는 경우.
2. 법령의 제정·개정 등 제도 개선에 기여한 경우.
3. 부패 행위 신고에 의하여 신고와 관련된 정책 등의 개선·중단 또는 종료 등으로 공공기관의 재산상 손실을 방지한 경우.
4. 금품 등을 받아 자진하여 그 금품 등을 신고한 경우.
5. 그 밖에 포상금을 지급할 수 있다고 법 제69조 제1항에 따른 보상심의위원회(이하 '보상위원회'라 한다)가 인정하는 경우.

② 제1항 제1호부터 제3호까지 및 제5호에 해당하는 경우 포상금은 2억원 이하로 한다. <개정 2009.5.28., 2015.10.20.>
③ 제1항 제4호에 해당하는 경우 포상금은 신고 금액의 30퍼센트 범위로 하되, 5억원 이하로 한다. <개정 2015.10.20.>
④ 제77조 제2항, 제80조 및 제83조의 규정은 포상금을 지급하는 경우에 이를 준용한다.
⑤ 제1항에 따른 포상금 지급 사유가 둘 이상에 해당되는 경우에는 그 중 액수가 많은 것을 기준으로 한다.

제72조(보상금의 지급 사유)
① 제68조 제3항에 따라 보상금을 지급할 수 있는 경우는 다음 각 호의 어느 하나에 해당하는 부과 및 환수 등으로 인하여 직접적인 공공기관 수입의 회복이나 증대 또는 비용의 절감을 가져오거나 그에 관한 법률 관계가 확정된 경우를 말한다.

1. 몰수 또는 추징금의 부과.
2. 국세 또는 지방세의 부과.

3. 손해배상 또는 부당이득 반환 등에 의한 환수.
4. 계약 변경 등에 의한 비용 절감.
5. 그 밖의 처분이나 판결. 다만, 벌금·과료·과징금 또는 과태료의 부과와 통고 처분을 제외한다.

② 제1항 각 호의 어느 하나에 해당하는 부과 및 환수 등은 신고사항 및 증거자료 등과 직접적으로 관련된 것에 한한다.

③ 법 제68조 제2항 후단에 따른 원상회복 등에 소요된 비용은 치료, 이사 또는 실직·전직 등으로 지출된 비용 등을 포함하여 산정할 수 있다.

제77조(보상금의 결정)

① 보상금의 지급 기준은 별표 1과 같다.
보상금의 지급 기준(제77조 제1항 관련)

보상 대상 가액	지급 기준
1억 원 이하	보상 대상 가액의 30%
1억 원 초과, 5억 원 이하	3천만 원 + 1억 원 초과 금액의 20%
5억 원 초과, 20억 원 이하	1억 1천만 원 + 5억 원 초과 금액의 14%
20억 원 초과, 40억 원 이하	3억 2천만 원 + 20억 원 초과 금액의 8%
40억 원 초과	4억 8천만 원 + 40억 원 초과 금액의 4%

비고: '보상 대상 가액'이란 제72조 제1항 각 호의 어느 하나에 해당하는 부과 및 환수 등으로 인하여 직접적인 공공기관 수입의 회복이나 증대 또는 비용의 절감을 가져오거나 그에 관한 법률 관계가 확정된 금액을 말한다.

② 보상위원회는 별표 1의 지급 기준에 따라 보상금을 산정함에 있어서 다음 각호의 사유를 고려하여 감액할 수 있다.

1. 증거 자료의 신빙성 등 신고의 정확성.
2. 신고한 부패 행위가 신문·방송 등 언론 매체에 의하여 이미 공개된 것인지의 여부.
3. 신고자가 신고와 관련한 불법 행위를 행하였는지의 여부.
4. 그 밖에 부패 행위 사건의 해결에 기여한 정도.

③ 보상금의 지급 한도액은 30억 원으로 하고, 산정된 보상금의 천원 단위 미만은 이를 지급하지 아니한다.

란파라치의 수입

앞 내용과 같이 청탁금지법 위반 사례에 대한 신고 등으로 상당한 포상금 혹은 보상금을 수령할 수 있는 근거는 마련되어 있으나 실제 란파라치 활동으로 돈을 벌기는 쉽지 않습니다. 우선 청탁금지법의 위반 신고로 인해 공공기관에 재산상 이익을 가져오거나 손실을 방지한 경우 또는 공익 증진을 가져와 포상 요건에 충족하는 상황이 많지 않을 것으로 보이며, 보상의 경우에도 공공기관에 직접적인 수입의 회복·증대 또는 비용 절감을 가져오게 할 정도의 신고 내용은 흔하지 않을 것으로 보기 때문입니다. 대부분의 청탁금지법 위반 사례는 단순히 부정한 청탁을 하거나, 공직자 등이 금품 제공을 받거나 제안받는 것 등인데, 이런 행위가 공공기관에 재산상 이익을 가져오거나 손실을 방지하거나 또는 직접적인 수입의 회복·증대 및 비용 절감을 가져오는 경우는 많지 않을 테니까요.

예를 들어 직무 관련자가 공직자와 3만 원을 초과한 식사를 했다든가, 5만 원 초과한 선물을 명절에 보냈다든가, 장례식에 10만 원 이상의 조화를 보낸 사실을 신고했다고 합시다. 하지만 그것이 공공기관에 재산상 이익이나 손실에 영향을 미친 경우로 확인되기는 매우 어렵습니다.

한편 주의해야 할 것은 신고자가 허위 사실을 신고한 경우, 형법상 무고죄가 성립되어 오히려 처벌을 받게 된다는 점입니다. 또한 신고자가 신고 내용이 허위임을 알았거나 알 수 있었을 경우, 신고와 관련해 금품 등이나 근무 관계상 특혜를 요구한 경우 혹은 그 외 부정한 목적으로 신고한 경우에는 청탁금지법상 포상이나 보상을 받지 못합니다.

「청탁금지법」

제13조(위반 행위의 신고 등)

① 누구든지 이 법의 위반 행위가 발생하였거나 발생하고 있다는 사실을 알게 된 경우에는 다음 각 호의 어느 하나에 해당하는 기관에 신고할 수 있다.
② 제1항에 따른 신고를 한 자가 다음 각 호의 어느 하나에 해당하는 경우에는 이 법에 따른 보호 및 보상을 받지 못한다.

   1. 신고의 내용이 거짓이라는 사실을 알았거나 알 수 있었음에도 신고한 경우.
   2. 신고와 관련하여 금품 등이나 근무 관계상의 특혜를 요구한 경우.
   3. 그 밖에 부정한 목적으로 신고한 경우.

9

네 가지만 조심하자

✓

말 조심, 돈 조심, 임직원 조심, 배우자 조심,
이 네 가지를 잘하면 걱정 끝!

청탁금지법은 24개의 법조문으로 구성되어 있으며 그 내용은 크게 부정청탁 금지에 관한 규정, 금품 수수에 관한 규정, 양벌규정, 신고 등에 관한 규정 등으로 나뉩니다. 앞서 여러 설명을 했지만, 청탁금지법을 정확히 이해하고 대응하는 것은 바쁜 일반인들에게 매우 번거롭고 어려운 일일 수 있습니다. 그래서 이번 장에서는 보다 간단하게 청탁금지법에 효과적으로 대응할 수 있는 방법을 소개합니다.

우리는 네 가지만 조심하면 됩니다. ① 말 조심, ② 돈 조심, ③ 임직원 조심, ④ 배우자 조심! 이 네 가지를 잘하면 청탁금지법을 걱정할 필요가 없습니다. 또한 이것을 잘 따르면 청탁금지법 위반을 미리 예방하거나 면책 요건을 갖출 수 있습니다.

말 조심

청탁금지법은 부정청탁을 금지하는 법입니다. 우리가 부정청탁을 할 때는 어떻게 하나요? 말로 합니다. 그러므로 말 조심을 잘하면 청탁금지법을 위반하지 않을 수 있습니다. 간단하지요?

특히 청탁금지법에서는 자신의 청탁보다 제삼자를 통하거나, 제삼자를 위한 청탁을 엄하게 처벌합니다. 자신의 일이 아닌 다른 사람의 일을 봐주기 위해서 부정청탁하는 것을 엄하게 금지하는 것입니다. 다른 사람을 통해서 말을 전달하거나 다른 사람을 위해서 말을 해주는 행동 모두 매우 조심해야 합니다.

우리 법 체계 중 말 자체를 처벌하는 규정은 많지 않습니다. 형법상 명예훼손죄(형법 제307조), 모욕죄(형법 제311조), 위증죄(형법 제152조), 비밀누설죄(형법 제317조) 등이 대표적입니다. 말 자체는 증거도 잘 남지 않는 경우가 많아서 말만으로 처벌하는 것에 대해 우리는 익숙하지 않습니다. 하지만 청탁금지법에서는 아주 순수하게 '말'만으로도 부정청탁이 성립될 수 있습니다. 더군다나 최근에는 스마트폰의 녹음 기능 등으로 말에 대한 증거 확보도 어렵지 않으니 청탁금지법과 연관될 수 있는 상황에서는 말을 조심해야 합니다.

말 조심에는 표현을 주의하는 것도 포함됩니다. 예를 들어, "한 번만 봐줘요", "눈 감아주세요", "그냥 좀 넘어갑시다" 하는 말들은 어떤가요? 이미 자신의 말이 부정한 청탁이라는 사실을 스스로 인식하고 있지 않나요? 이런 말로 청탁을 시작해서는 곤란합니다.

만약 이런 표현을 사용한 청탁이 녹취되어 증거로 제출된다면 그 말을 한 사람은 자신의 청탁이 부정하다는 것을 인식한 상태에서 그 표현을 했다고 볼 수 있으므로 부정청탁에 대한 고의가 인정될 가능성이 매우 높습니다.

그럼 어떻게 말하는 게 좋을까요? 이렇게 말해봅시다. "이 허가 신청은 법령상 정해진 모든 요건을 갖추었으니 조속히 허가해주세요.", "이 건은 이미 신청한 지 상당한 기간이 지나서 법정 처리 기간도 초과했으니 얼른 처분해주세요.", "이 건에 대해서는 다른 신청 건들에 비해서 이러한 점이 더 유리한 것이므로 그에 맞는 결정을 해주세요." 어떻습니까? 자신의 청탁을 들어줘야 할 확실한 근거를 제시하고 있지요. 이렇게 말하면 청탁자가 정당한 청탁을 하고 있음이 드러나므로 부정청탁에 대한 고의가 인정되기 어렵습니다.

정당한 청탁이 아닌 '부정한 청탁'만을 처벌하겠다는 청탁금지법의 취지를 거꾸로 생각해보면, 우리가 실생활에서 청탁을 할 때 말을 해야 할지 말아야 할지 또 어떤 표현을 써야 할지 충분히 주의를 기울이는 것이 아주 간편하면서도 중요한 대응책이라는 것을 알 수 있습니다.

돈 조심

앞서 말했듯이 청탁금지법은 금품 등을 제공하거나 제공하겠다고 약속한 경우에도 처벌을 받습니다. 우리나라의 법체계에서 대부분의 금전 관련 규정들에는 다른 사람의 돈을 강취, 편취, 절취하여 자신이 취득하였을 경우에 죄가 성립되고 처벌받는다고 되어 있습니다. 하지만 청탁금지법에서는 자신의 돈을 다른 사람에게 주고 처벌도 받게 됩니다. 내 피 같은 돈을 내주고 처벌도 받으니, 상식적으로 보면 참 황당한 일이지요.

우리나라 법에서 자신의 돈을 다른 사람에게 줬을 때 처벌받는 것으로는 선거법 위반과 뇌물공여죄 등이 있습니다. 여기에 청탁금지법이 추가된 것입니다. 특히 청탁금지법상의 금품 제공으로 인한 처벌 규정은 직무와 관련성이 있는 경우에는 매우 작은 금액(예를 들어서 식사 3만 원, 선물 5만 원, 경조사 10만 원)에 대해서도 엄격하게 마련되어 있으며, 금액이 큰 경우(1회 1백만 원, 1회계연도 3백만 원)에는 직무와 관련 없이 순수하게 선의로 전해진 금원이더라도 처벌하게 됩니다. 그리고 금품을 제공한 사람도 금품을 받은 공무원과 동일한 강도로 처벌받게 됩니다. 특히 기업의 경우 금품 등의 사용은 회사의 지출 및 회계와 연계되어 있으므로 기업 자금에 대한 사용 내역은 청탁금지법 위반의 징표가 될 수 있을 것입니다.

그러므로 공직자 등에게 단순한 호의나 선의로 내 돈을 주기 전에, 항상 청탁금지법에 대해 생각해야 합니다. 물론 정상적인 거래행위라면 걱정할 것이 없겠지요!

임직원 조심

청탁금지법에서는 기업이나 사업장의 임직원들이 잘못하면 그 기업이나 사업주도 함께 처벌하는 양벌규정을 두고 있습니다. 즉, 기업의 대표자나 대표이사, 사업주가 직접 부정청탁 등을 하지 않았더라도 수십, 수백 명의 임직원 중 누군가가 청탁금지법을 위반하였다면 그 기업이나 사업주 역시 처벌을 받게 됩니다. 그러므로 기업이나 사업주는 임직원들이 청탁금지법을 위반하지 않도록 항상 교육하고 주의를 기울여야 합니다.

기업에서 양벌규정으로 처벌받는 유형들은 기업의 임원이 자신이 소속된 기업이나 제삼자를 위하여 부정한 청탁을 한 경우(청탁금지법 제23조 제2항), 기업의 임직원이 제삼자를 통하여 부정한 청탁을 한 경우(제23조 제3항), 1회 1백만 원 1회계연도 3백만 원 초과 금액 공직자 등이나 배우자에게 제공한 경우(제22조 제1항 3호), 1회 1백만 원 1회계연도 3백만 원 이하 금액 공직자 등이나 배우자에게 제공한 경우(제23조 제5항 제3호)가 있습니다.

기업이나 사업체에서 수십, 수백 명의 임직원 중 누군가가 부정청탁이나 금품 등의 제공을 하는 것을 완벽하게 관리·감독 하는 것은 현실적으로 무척 어려운 일입니다. 그렇기 때문에 청탁금지법에서는 이런 경우 기업이나 사업주가 임직원들에게 지속적인 교육 등을 통해 상당히 주의하여 감독해왔다는 것이 입증되면 면책 근거로 삼습니다. 그리고 임직원 개인뿐만 아니라 기업이나 사업주가 처벌을 받게 될 경우 그 기업의 이미지나 브랜드 가치는 손상을 입게 되고, 현실적으로도 장래에 국가를 상대로 하는 계약이나 입찰 등에서 불이익을 볼 가능성이 매우 높습니다. 그러므로 기업이나 사업주는 평소 임직원들에 대한 지속적인 교육을 실시를 했으며, 청탁금지법 위반 행위를 막기 위해 상당한 주의를 기울여 노력했다는 증거를 충분히 마련해두어야 합니다. 이때 단순히 시스템을 만들어두었다는 것 이외에도 이를 잘 실행하였다는 자료 등을 갖추어두고 필요 시 제출할 수 있도록 하는 것이 중요합니다.

배우자 조심

청탁금지법이 지닌 또 하나의 특이점은 배우자에 대한 별도 규정을 두고 있다는 것입니다. 청탁금지법 제8조 제4항에서는 '공직자 등의 배우자는 공직자 등의 직무와 관련하여 공직자 등이 받는 것이 금지되는 금품 등을 받거나 요구하거나 제공받기로 약속해서는 아니 된다'라고 규정하고 있습니다. 위 조항을 위반했다고 공직자 등의 배우자를 처벌하지는 않습니다. 다만 공직자 등은 자신의 배우자가 자기 직무와 관련하여 금품을 수수한 사실을 알았을 때 즉시 신고해야 합니다. 만약 그렇지 않을 경우 배우자에게 금품을 제공한 자와 함께 처벌받게 됩니다. 결국 공직자 등의 배우자는 처벌하지 않지만 공직자 등이나 금품을 제공한 일반인은 청탁금지법에 따라 처벌을 받게 됩니다. 그러니 공직자 등은 자신의 배우자에게 청탁금지법을 잘 숙지시키고, 이를 위반하지 않도록 충분한 주의를 기울일 필요가 있습니다. 배우자가 대수롭지 않은 소소한 선물을 받은 사실을 알고도 이를 방치하면, 나중엔 처벌을 면할 수 없는 일로 번질 수 있습니다.

공직자 등은 스스로도 주의하여야 하지만 자신의 배우자에게도 이러한 내용을 잘 설명하여 청탁금지법을 위반하는 일이 발생하지 않도록 주의해야만 합니다.

10

컴플라이언스란 무엇인가

✓

기업 내 준법 시스템 구비는
선진 기업의 핵심 전략이다!

컴플라이언스Compliance란 '법을 지키는 시스템'으로 기업이나 단체 등에서 임직원들이 준법할 수 있도록 하는 여러 가지 시스템을 가리키는 말입니다.

청탁금지법으로 임직원들의 위반 행위가 적발되면 기업이나 사업주는 양벌규정에 따라 함께 처벌받게 될 뿐 아니라 향후 영업 활동에 있어 큰 불이익을 얻게 될 것이 명백합니다. 그렇기 때문에 기업이나 사업주는 청탁금지법 등에 대한 컴플라이언스 시스템을 잘 만들고 사내에 정착시키도록 노력해야 합니다. 이러한 컴플라이언스 제도는 미국과 영국에서 잘 발달되어 있으므로 그 내용을 살펴보면 아직 경험이 많지 않은 우리나라 기업들에게 큰 도움이 될 것입니다.

미국의 부패 방지 컴플라이언스(Anti-corruption compliance)

※ 출처: 미국의 해외부패방지법(Foreign Corrupt Practice Act) 가이드.

1) Tone at the Top

A commitment from senior management and a clearly articulated policy against corruption.

미국의 부패 방지 컴플라이언스에서 제일 먼저 강조하는 것은 기업의 최고위층이나 간부 등 상층부에서 '부패를 용납하지 않겠다'는 경고음을 강하게 내보내야 한다는 것입니다. 기업의 최고위층이나 간부들이 기업의 실적이나 능률을 위해서 임직원들의 편법이나 부정한 행위 등을 묵시적으로 조장하는 경우가 많으므로, 최고위층이나 간부들이 나서서 부패 방지 의사를 명시하고 사내 정책을 확립하라는 것입니다.

우리나라의 어떤 기업 임직원들이 청탁금지법을 위반해 적발되었다고 가정해봅시다. 그 위반 행위자가 소속된 기업의 최고위층이나 간부들이 청탁금지법 준수에 대한 어떠한 명시적 약속이나 정책 등을 수립하려는 노력을 한 사실이 없다고 확인된다면 그 기업은 양벌규정에서 면책받기 어려울 가능성이 높습니다.

2) Code of Conduct and Compliance Policy

The code of conduct is the foundation of an effective compliance programme. Policies and procedures detailing proper internal controls, auditing practices, documentation policies and disciplinary measures should be in place.

기업이나 사업주 등이 아주 명확하고 자세한 사내 윤리 규정과 사내 준법 제도를 마련해야 한다는 것입니다. 더불어 제도화된 내용과 절차들을 전 임직원에게 전달하고 습득하게 해야 합니다. 그 내용에는 적절한 내부 통제, 감독 기능, 행정적인 절차나 처벌 규정 등에 대한 내용이 포함되어야 합니다.

우리나라의 경우 청탁금지법의 내용을 준수한다는 취지의 사내 윤리 규정을 제정하고, 그 내용을 취업 규칙 및 근로계약서 등에 반영하여 이를 구현할 수 있는 제도를 구비할 필요가 있습니다.

3) Oversight, Autonomy and Resources

Individuals in charge of oversight should be autonomous from management and should have sufficient resources to ensure the programme is implemented correctly.

조직 내에는 컴플라이언스 수립 및 이행을 책임질 수 있는 '경영

으로부터 자율권을 가진' 담당자를 둬야 합니다. 그 담당자에게는 컴플라이언스 프로그램이 잘 이행되는지 확인하고 구현할 수 있는 충분한 능력이 요구됩니다. 기업이나 사업주 등은 기업 내 컴플라이언스 담당자가 어느 정도 독립된 지위에서 업무를 수행할 수 있는 여건을 구비해야 합니다.

4) Risk Assessment

Companies should analyse and address the particular risk it faces.

회사가 직면한 각각의 리스크에 대해 논의하고 분석하여 그 위험성을 판단해야 합니다. 기업들은 기업의 영업 목표 달성이나 수익성 증대를 위해 많은 영업 활동을 해야 하고, 그 과정에서 나타나는 장애물을 극복하고자 편법과 부정에 대해 많은 유혹을 느끼게 됩니다. 그리고 각 기업들은 대관 업무를 수행하거나 거래처와 거래하는 과정에서 금품 등에 대한 요구를 해오는 자들이 나타날 수도 있는 등 현실적인 위험에 노출되기 쉽습니다. 그러므로 기업이나 사업주 등은 각자의 상황 앞에 놓인 위험을 발견하기 위해 노력하고, 이에 대해 논의하고 분석하여 제대로 판단해야만 합니다. 물론 위험을 극복하기 위한 수단에 대해서도 논의해야 할 것입니다.

5) Training

Companies should take the appropriate steps to ensure that the policies and procedures have been communicated throughout the organisation.

기업들은 준비한 정책과 절차에 대해 내부에서 지속적으로 소통할 수 있는 적절한 단계들을 이행해야 합니다. 사내 훈련과 교육을 통해 만들어진 정책과 절차가 정상적으로 진행되고 있는지 확인할 수 있고, 계속적인 내부 소통을 통해 준법 대비책을 효율적으로 재정비해나갈 수 있습니다. 결국 컴플라이언스 시스템을 만드는 것도 중요하지만, 그 시스템이 조직 안에 잘 정착할 수 있도록 하는 것이 더욱 중요하다고 할 수 있겠습니다.

6) Incentives and Disciplinary

Clear disciplinary procedures should be in place and the adherence to compliance policies and procedures should be incentivised throughout the company.

기업에서는 마련한 컴플라이언스 정책들이 잘 지켜질 수 있도록 위반 시 처벌에 관한 분명한 규정을 마련해야 합니다. 또한 컴플라이언스 정책을 잘 이행할 경우 그에 대한 인센티브를 제공하는 등,

제도가 잘 정착될 수 있도록 여러 방법으로 도와야 합니다. 어떤 제도가 잘 정착하기 위해서는 그 정책을 위반한 자들에 대한 징계 절차와 잘 지킨 자에 대한 인센티브가 공존할 필요가 있습니다. 다만 이러한 징계나 인센티브가 회사 내 구성원 간의 신뢰와 분위기를 해치지 않도록 각별히 주의해야 합니다.

7) Third-Party Due Diligence & Payment

Third-parties should be assessed regularly and should be informed of the company's compliance programme and code of conduct.

기업의 부정적인 영업 활동은 이를 받아주는 상대방이 있기 때문에 가능한 것이며 개별 거래뿐만 아니라 협력 사업을 통해 상호적으로 이루어지는 경우가 많습니다. 따라서 기업에서는 거래처 등 제삼자에 대해서도 정기적으로 평가해야 하며, 자사 컴플라이언스 프로그램과 윤리 규정을 설명해주고 협조를 구할 필요가 있습니다.

8) Reporting

Employees should be able to report violations without fear of retaliation through a whistleblowing mechanism based on confidentiality. The compliance programme and internal controls should be updated after an internal investigation.

법 위반 행위 발견 시 근로자들이 아무런 두려움 없이 신고할 수 있도록 사내에도 신고자의 비밀 보호 및 보호 제도가 있어야 합니다. 그리고 위반 행위에 대한 조사 등 절차가 마무리된 후 이를 보완할 수 있는 컴플라이언스 프로그램이나 내부 통제 등에 대한 제도를 추가로 만들어가야 합니다.

이것은 컴플라이언스 제도가 회사 내에 잘 정착되어 계속 발전될 수 있도록 하기 위한 조치로, 반드시 보호해야 하는 부분입니다.

9) Testing and Review

As a company's business and environment in which it operates changes over time, a good compliance programme should be reviewed and constantly evolve over time.

기업의 사업 및 영업 환경은 항상 변화하기 때문에 좋은 컴플라이언스 프로그램을 계속 참고하고 검토하며 자사 시스템도 진화시켜야 합니다. 즉, 각 기업들은 각자가 처한 환경이 다르며 그 환경은 계속 변하기 때문에 그 변화에 맞는 컴플라이언스를 계속 개발하고 발전시켜 나가야 한다는 의미입니다.

영국의 뇌물방지법상 면책 사유

미국에 부패 방지를 위한 컴플라이언스 시스템이 구비되어 있다면 영국에는 뇌물수수법Bribery Act이 있습니다. 뇌물수수법은 컴플라이언스와 유사한 시스템을 가지고 있으며 여섯 가지 원칙을 강조합니다.

1) Proportionate Procedures
Your company procedures should be proportionate to the size and risks of the organisation.

먼저 기업은 회사 규모와 조직 특성에 맞는 적절한 컴플라이언스 제도를 구비하고 있어야 한다는 원칙입니다. 그러므로 개인사업자, 주식회사, 사단법인 등 단체의 규모나 성격에 맞는 각자의 컴플라이언스 제도를 만들어서 시행해야 합니다.

2) Top-level Commitment
Responsibility for compliance starts with top-level management.

부정부패를 용납하지 않겠다는 의지는 기업의 최고위층에서부터 시작해야 한다는 원칙입니다.

3) Risk Assessment

Research and identify the risks your company might face in the markets it operates.

각 기업은 현재 직면한 혹은 직면했을지도 모르는 리스크들을 연구하여 발견하고, 항상 이에 대한 대처를 고려해야 한다는 원칙입니다.

4) Due Diligence

Know who performs services on behalf of your company and who represents your company.

기업에서는 자사를 대신해 서비스를 수행하는 에이전트나 거래처 등에 대해 항상 주의를 기울여야 한다는 원칙입니다.

5) Communication(Including training)

Communicate and train your company policies and procedures to staff and to those who perform services for your company.

기업이 마련한 정책이나 컴플라이언스 등의 내용을 임직원들이 이해할 수 있도록 적절히 교육하고 소통해야 한다는 원칙입니다.

6) Monitoring and Review

Take steps to ensure your company keeps pace with changes to the risks and effectiveness of procedures over time.

기업은 항상 자신들이 마련한 컴플라이언스가 정상적으로 작동하는지 관찰하고 검토하며 그 효용에 리스크나 변화가 발생할 경우를 대비해야 한다는 원칙입니다.

각 기업들의 대응

위에서 언급한 미국의 컴플라이언스와 영국의 뇌물수수법 등에 근거한 제도들은 청탁금지법이 시행되고 있는 우리나라 기업에게 모범적인 기준이 될 수 있습니다. 하지만 각 기업들은 기업 활동을 하는 장소와 형태가 각각 다르고 시간의 흐름에 따라 상황도 변화하기 때문에 이러한 기준을 중심으로 각 기업과 사업주는 자신에게 맞는 청탁금지법 등 준법 감시 시스템을 구축해야 합니다. 그러므로 각 기업은 사내에서 청탁금지법 위반 사항이 발생했을 때 스스로를 방어하고 면책받기 위해 어느 정도의 컴플라이언스 시스템을 구비해야 하는지 정리해둘 필요가 있는 것입니다.

그 외 용어들

크로나이즘(Cronyism): Cronyism is a form of favouritism shown to close friends. A typical situation of cronyism would be the political appointment to office of a friend without regard for her/his qualifications.

정치적으로 연결된 가까운 친구에게 그의 자질과 상관없이 일정한 직위나 이권에 대한 약속을 해주는 편파적 행위를 말하는 것으로, 정실주의情實主義를 뜻합니다. 이는 정치적 부정부패의 고리를 만드는 핵심 바탕입니다.

킥백(Kickback): A kickback is a bribe to obtain an undue advantage, where a portion of the undue advantage is 'kicked back' to the person who gave or is supposed to give the undue advantage. The payment of kickbacks is a corrupt practice which typically occurs in connection with a public procurement process when a company pays a procurement officer to illegally award the contract to the company in return for a bribe.

'킥백'이란 일정한 거래 관계를 이루고 유지시켜주는 대가로 그

거래 관계에서 발생하는 이득의 일정 부분을 몰래 돌려받는 것을 말합니다. 부정부패의 먹이사슬이 되는 대표적 요소입니다.

휘슬블로워(Whistleblower): A whistleblower can be defined as an employee, former employee, or member of an organisation who reports misconduct to people or entities that have the power to take corrective action. It is recognised that whistleblowers should be protected against retaliation in order to encourage the reporting of misconduct.

현직 또는 종전 근로자 중 잘못된 행태에 대해 조직 내에서 이를 경고하고 신고하는 자, 즉 내부고발자를 의미합니다. 이러한 내부 고발자에 대한 보호 장치는 컴플라이언스의 핵심이기도 합니다.

디바먼트(Debarment)/블랙리스팅(Blacklisting): Debarment/blacklisting entails the exclusion from public contracting including public procurements. The use of debarment instruments is growing worldwide. Debarment is considered by authorities to be an effective preventive instrument. Debarment is an administrative sanction(not criminal).

디바먼트 혹은 블랙리스팅은 불법 행위 또는 부정한 행위를 하여 처벌을 받은 자와 계약하지 않거나 입찰 자격을 제한하는 등 불이익을 주는 제도를 말합니다. 블랙리스트에 등록된 기업들이 영업이나 계약을 하지 못하게 함으로써 시장에서 제외시키는 강력한 효과를 냅니다.

레드플래그(Redflag): A 'redflag' is a fact, event, or set of circumstances, or other information that may indicate a potential legal compliance concern for illegal or unethical business conduct, particularly with regard to corrupt practices and non-compliance with anti-corruption laws.

일종의 경고 표시입니다. 불법 행위 또는 부정한 행위가 발생할 가능성이 많은 상황이나 지역 혹은 사람들에게 레드플래그를 붙임으로써, 기업이나 그 임직원들이 항상 주의할 수 있도록 경고 표시를 해두는 제도입니다.

레드테이프(Redtape): Redtape is an idiom that refers to excessive regulation or rigid conformity to formal rules that is considered redundant or bureaucratic and hinders or prevents action or decision-making. It is usually applied to governments, corporations, and other large organizations.

청탁금지법 시행으로 공직자 등이 민원 업무를 소극적으로 처리하게 된다면 공무 서비스의 질이 떨어질 우려가 있습니다. 레드테이프는 공무원 등이 업무상 불필요한 요건들을 만들어 기업이나 민원인들이 절차를 정상적으로 진행하지 못하도록 행동하는 것을 뜻합니다. 이러한 경우 공직자 등은 원활한 업무 처리를 위해 민원인들에게 대가를 원하고 있는 경우가 많습니다. 한편 '레드테이프 커팅 Redtape cutting'이라는 용어는 위와 같은 레드테이프를 잘라내 없애는 것을 의미합니다. 예를 들면 정부기관에서 공직자 등이 민원인들에게 불필요한 요구를 하거나 불친절하게 대하는 행위들을 하지 못하도록 믹는 것입니다. 이처럼 청탁금지법이 우리 사회에 잘 정착하기 위해서는 공직자 등의 적극적인 협조가 필요함을 알 수 있습니다.

11

기업은
무엇을 해야 하나

✓
각각의 상황에 맞는 청탁금지법 대비 조치!

지금까지 청탁금지법의 각 규정들, 특히 양벌규정(청탁금지법 제20조) 그리고 미국과 영국의 반부패 컴플라이언스를 살펴보았습니다. 그럼 이제 우리나라의 기업이나 사업주들은 청탁금지법에 대비해 어떤 조치를 취해야 할지 살펴볼까요? 각 기업과 사업주는 각자 사업 환경이나 여건이 다르므로 그 각각의 상황에 맞는 조치를 취해야 합니다. 우선 조치 사항들을 일반적으로 그리고 개략적으로 쉽게 열거해보겠습니다.

서약서 작성 및 징구

가장 먼저 신입 직원이나 기존 직원을 상대로 '부정한 청탁이나 금품의 제공·수수 등을 하지 않을 것이며 정당하고 정상적인 방법으로 기업 업무를 진행하겠다'는 취지의 서약서를 작성하는 방법을 생각해볼 수 있습니다. 서약서는 전체 임직원 개개인으로부터 빠짐없이 받을 수 있다는 장점이 있으며 임직원 스스로 작성하고 제출하도록 함으로써 교육 효과도 기대할 수 있을 것입니다. 또한 위 서약서를 일회성이 아니라 일정 기간을 두고 정기적으로 받을 수도 있습니다.

안내문 발송

미국과 영국의 컴플라이언스 제도를 보면 기업의 최고위층이나 임원 등 기업 상부에서부터 부정부패를 방지하겠다는 의사 표시를 명백히 하도록 하고 있습니다. 그러므로 사업주나 대표이사 등은 연초·연말·명절 등 전 임직원에게 인사를 전할 기회가 있다면 그 내용에 '그동안 청렴한 기업 문화 조성을 위해 노력해주심에 대해 감사의 뜻을 표하며, 장래에도 우리 기업은 부정부패에 대해서 단호하게 대처할 것이므로 이에 대한 임직원들의 적극적인 협조를 당부한다'는 등의 취지를 포함해 그 의지를 전달할 수 있을 것입니다.

표어 포스터 활용

사내 게시판 등을 통하여 청렴 문화 조성과 반부정부패에 관한 내용을 담은 표어나 포스터를 부착하여 임직원들로 하여금 자신이 몸담고 있는 회사가 부정부패 척결을 위해 항상 노력하고 있다는 인식을 심어줄 수 있습니다.

이메일, 홈페이지 등 활용

정기적으로 사내 메일 및 인트라넷 등을 통해 우리 회사는 부정청탁 및 금품 제공·수수를 금하며, 정당한 영업 활동을 통해서만 회사 성장을 추진할 것이라는 취지를 임직원에게 전달할 수 있습니다.

윤리 규정, 사내 매뉴얼, 포상 규정, 징계 규정의 정비

이 부분은 부패 방지 컴플라이언스에서 아주 중요한 부분입니다! 대부분의 기업이나 사업체에서는 별도의 윤리 규정을 마련하고 있지 않습니다. 하지만 임직원들을 위한 사내 윤리 규정은 반드시 필요합니다. 사내 윤리 규정은 각 기업들이 처한 상황에 따라서 세분화하고 구체화해야 합니다. 단순히 선언적 의미를 가진 추상적 내용들보다는 구체적인 행동 지침을 명시하여 매뉴얼로 만드는 것이 좋습니다. 그리고 잘못된 영업 활동 척결에 앞장선 임직원, 내부고발자, 컴플라이언스에 대해 좋은 안을 제시하여 청렴 분위기를 성공적으로 정착시키는 데 기여한 자 등에 대한 인센티브 제도를 만들고 부정부패 행위를 한 자에 대해서는 징계 규정을 명백히 둘 필요가 있습니다. 특히 회사를 위해서 도움이 된다고 판단하여 불법적인 행위를 했다고 주장하는 자들에게는 그들이 그 회사에 다시 취업을 하지 못하게 하는 조치 등이 포함된 강력한 징계 규정이 필요합니다.

근로계약서 내용 정비

근로계약서에도 '부정청탁이나 금품 제공·수수 등 부정부패 사례 방지를 위해서 노력해야 하며 만약 그러한 행위를 하면 사내 윤리 규정에 의해 처벌받을 것'이라는 조항을 명기할 필요가 있습니다. 특히 다른 임직원이나 상급자가 부정한 지시를 하더라도 그를 따르지 말 것이며 만약 그런 일이 발생하면 회사는 구제해줄 의사가 없음을 확실히 표기해야 합니다.

준법 감시 담당자 및 청렴 문화 담당자 지정

청탁금지법에서 공공기관의 경우는 청탁 방지 담당관을 두도록 규정하고 있으나 기업 등에 대해서는 따로 언급하지 않았습니다. 미국이나 영국의 컴플라이언스 제도에서는 각 기업이 준법 감시 담당자를 두되, 이들이 기업의 경영 관련자들로부터 어느 정도 독립된 위치에서 일할 수 있도록 해야 한다고 명기하고 있습니다. 그러므로 여러 곳에 사업장이 있거나 수백 명 이상의 임직원이 있는 회사라면 영업 또는 경영 분야에서 독립해 일하는 준법 감시 담당자를 둘 필요가 있습니다. 또한 각 사업장별로 영업이나 경영 분야 등 자신의 본업을 수행함과 더불어 청탁금지법을 통해 청렴한 문화가 정착될 수 있도록 홍보하는 담당자를 지정하여 부정부패에 대한 예방 활동을 할 수 있도록 하는 것이 효율적입니다.

정기적인 교육과 세미나

업무 활동을 하다 보면 부정부패에 대한 유혹은 언제든 발생할 수 있습니다. 임직원들에 대한 정기적인 또는 부정기적인 교육이 필요합니다. 경우에 따라서 사내 강사를 활용할 수도 있고 외부 강사를 초빙할 수도 있을 것입니다. 적어도 반기에 한 번 정도의 교육이 필요합니다. 강의 등의 교육이 이루어지고 나면 그 내용을 중심으로 기업의 간부나 최고위층이 참석하는 세미나를 주최하여 기업 내부의 원활한 소통을 유도할 수도 있습니다. 그 자리에서 임직원들은 업무 중 부정부패와 관련해 겪었던 어려운 점을 서로 나누고 각자의 해결 방법 등을 공유할 수도 있습니다. 이런 세미나 등을 자료로 만들어두면 그 또한 기업의 사내 윤리 교육을 위한 좋은 자료가 될 것입니다.

자가 진단 프로그램 마련

기업에서 부정부패에 관한 '자가 진단 프로그램'을 만들어 정기적 혹은 비정기적으로 임직원들에게 실시하게 할 수 있습니다. 컴플라이언스 제도를 잘 만들어두었더라도 임직원들이 그 제도를 잘 이행하고 있는지 확인하는 것이 가장 중요합니다.

양벌규정에 따라서 기업이 실질적으로 처벌을 받을 경우, 면책 주장을 하기 위해서는 단순히 컴플라이언스 제도를 만들어둔 것만으로는 부족합니다. 컴플라이언스 제도가 기업 내부에 잘 정착할 수 있게 기업이 얼마나 노력을 했는지가 중요한 것입니다. 그러므로 기업에서 마련한 컴플라이언스 제도를 임직원들이 잘 이해하고 따르고 있는지 정기적 혹은 비정기적으로 체크하는 것이 좋습니다.

부정 사례 신고 시스템 구비

기업의 내부 혹은 외부 신고자들이 다른 임직원들의 견제를 받지 않고 자유롭게 신고할 수 있는 시스템이 구비되어야 합니다. 그리고 신고자의 신분에 대해 비밀 보장을 약속하고, 또 신고로 인해 불이익을 받지 않도록 하는 규정도 마련되어야 합니다. 기업의 대표자나 대주주 등이 직접 신고 시스템을 관리하거나, 경영이나 영업으로부터 자율성을 가지고 독립적으로 일하는 준법 담당관 등이 관리하여 신고자가 실무에서 소외되지 않도록 모든 조치를 취해야 합니다. 또한 신고 내용에 대해 조사가 끝나고 나면 그 결과를 가지고 기존의 컴플라이언스 제도에 문제점이 있는지 확인하고 개선해 나가야 합니다. 그 신고로 인해서 기업이 경제적인 이득을 얻은 경우에는 신고자에게 포상이나 인센티브를 제공할 필요도 있습니다.

개선 프로그램 마련

기업은 항상 새로운 환경 변화에 대처해야 합니다. 부정부패 양상 또한 언제든 새로운 형태로 나타날 수 있습니다. 그러므로 컴플라이언스 제도를 잘 구비해두었더라도, 정기적 혹은 비정기적으로 잘못된 부분을 점검하고 개선하려는 노력이 필요합니다. 현실과 동 떨어진 조항은 있으나 마나입니다.

12

김영란법 10계명

공직자 등이 지켜야 할 10계명

(1) 상대방에게 신세 지지 말고 더치페이를 일상화하자.

많은 사람들이 청탁금지법이 애매하고, 복잡하고, 어렵다고 불평합니다. 하지만 많고 적음에 상관없이 상대방으로부터 돈이나 혜택 등 무언가를 받았을 때를 일일이 가정하자면 그 형태는 끝도 없고, 그렇기에 명쾌하게 정리하기는 어렵습니다. 성문법 국가에서 아무리 명백하게 문장을 만든다고 하더라도 한계가 있고, 사회생활과 문화는 계속 변화하기 때문에 판례 등으로 계속 보완되어야 할 부분입니다.

청탁금지법에서 가장 분명한 것은 직무 관련 유무, 대가성 유무, 일반인과 공직자 등을 불문하고 누군가를 만날 때 각자 자신의 몫을 부담한다면 아무런 일도 없다는 것입니다. 그러므로 생활 속에서 항상 더치페이하는 습관을 들인다면 금품 수수와 관련한 청탁금지법 위반은 전혀 걱정하지 않아도 될 것입니다.

(2) 처음 청탁은 분명하게 거절하고 두 번째는 신고하자.

공직자 등은 부정청탁을 처음 받았을 때 명백하게 거절 의사를 표시해야 하며, 동일한 청탁을 두 번째로 받았을 때는 소속 기관장에게 신고해야 합니다. 만약 두 번째 청탁을 받았음에도 소속 기관장에게 신고를 하지 않은 공직자 등은 징계 처분을 받을 수 있습니다. 또 만약 부정청탁을 두 번 이상 받았으나 소속 기관장에게 신고하지 않았다면, 이 공직자 등을 상대로 청탁자나 다른 누군가가 미신고 사실이 징계 사유라는 이유로 협박하는 등 악용할 가능성이 있습니다. 그러므로 처음 청탁을 받을 때 분명하게 거절하여 다시 청탁을 하지 않도록 예방하는 것이 현명한 방법이며, 만약 두 번째 청탁을 받았다면 이를 신고하여 근거를 남겨두어야 합니다.

(3) 금품 등에 대한 제안은 처음부터 거절하고 신고하자.

청탁자 등이 금품을 제공하거나 제안을 한 경우에는 부정청탁과 달리 1차, 2차를 기다리면 안 됩니다. 그 즉시 소속된 기관의 장에게 신고해야 합니다. 그러므로 공직자 등은 누군가로부터 금원의 제공 혹은 제공하겠다는 제안을 받게 되면 그 자리에서 명백히 거절하고 곧바로 신고하면 됩니다. 만약 부정청탁의 대처 방법과 혼동하여, 처음 금품 제공 제안을 받았을 땐 명백한 거절 의사를 표시하고 다시 금품 제공을 해왔을 때 신고를 하였다면 1차에 곧바로 신고하지 않는 부분에 대해 징계를 받을 수도 있습니다. 그러므로 부정청탁과 금품 수수를 헷갈리지 않도록 주의해야 합니다.

(4) "나는 청탁금지법 적용 대상자"라고 소문을 내자.

우선, '내가 청탁금지법 적용 대상자에 속하는지' 체크를 꼭 해봐야 합니다. 청탁금지법 적용 대상자인지 본인 스스로도 잘 모르는 경우가 있기 때문입니다. 특히 언론사나 학교의 임직원, 공무수행 사인의 경우 이런 일이 발생하기 쉽습니다. 자신이 청탁금지법 적용 대상자라는 사실조차 모르고 있다가 밥 한 끼, 작은 선물 하나 받았다고 하여 처벌받으면 억울하지요. 하지만 법을 몰랐다고 용서받을 수는 없습니다. 반대로 본인이 공직자에 해당하는지 모르고 금품을 제공하거나 부정한 청탁을 하는 경우도 발생합니다. 이러한 경우 그 상대방이나 공직자 등 본인 모두 예상치 못한 처벌을 받게 되는 것입니다.

(5) 담당 업무가 아닌 청탁은 청탁인이 담당자에게 직접 하도록 안내하자.

청탁금지법은 부정한 청탁을 금지할 뿐, 청탁자가 자신의 일을 직접 청탁하는 경우에 대한 처벌 규정을 두고 있지 않으므로 처벌받지 않습니다. 하지만 자신의 일이라 해도 제삼자를 통해서 청탁했다면 청탁자도 1천만 원 이하의 과태료 처분을 받게 됩니다. 그리고 그 청탁을 받아서 공무원 등에게 청탁을 전해준 사람이 일반인이면 2천만 원 이하의 과태료, 공직자 등이면 3천만 원이하의 과태료에 처할 수 있습니다. 이렇듯 제삼자에게 청탁을 부탁하면 청탁자 본인도 처벌을 받지만 청탁을 받아서 전달한 사람은 더 강한 처벌을 받게 되므로 다른 사람에게 청탁을 부탁하는 일은 절대 없어야 합니다.

(6) 저녁과 주말을 가족과 함께 보내자.

우리나라 직장 문화는 유독 밤에 많이 모입니다. 또 업무 관계에 놓인 사람들끼리 골프 여행을 가는 등 주말에도 곧잘 만납니다. 그런데 청탁금지법에서 금하는 부정한 청탁이나 금품 등을 수수하는 일은 주로 저녁 식사, 또는 그 이후에 이어지는 술자리, 주말 골프 여행 등 '업무 시간 외 만남'에서 일어납니다. 그러므로 직장 동료나 상급자, 거래처 직원 등이 아닌 가족과 함께 시간을 보냅시다. 저녁과 주말을 가족과 함께하는 사람은 그만큼 청탁금지법을 위반할 여지가 줄어듭니다.

(7) 10만 원이 넘는 경조사비는 초과 부분을, 5만 원이 넘는 선물은 전부를 반환하자.

원활한 직무 또는 의례적인 목적이더라도 선물이나 경조사비는 각각 한도가 정해져 있습니다. 특히 선물이나 경조사비는 제공자가 받는 사람(공직자 등)과 사전에 협의하여 금액을 정하는 것이 아니라 일방적으로 제공해버리기 때문에 이에 대해 받는 사람의 의사를 반영할 수 없습니다. 그러므로 법 허용 초과 금액을 받았다면 지체 없이 초과 부분을 반환해야 합니다. 경조사비의 경우 10만 원을 초과하여 받았다면 그 초과하는 부분에 대해서는 즉시 반환하여야 할 것입니다. 다만 허용 금액을 초과한 선물의 경우는 물건 자체를 금액별로 분리할 수는 없으므로 전부를 반환해야 합니다.

(8) 친한 친구라도 직무와 관련 있는 사이라면 식사는 3만 원 이하로 하자.

원활한 직무 또는 의례적인 목적이라 하더라도 허용되는 식사의 한도는 3만 원입니다. 고향 친구, 학교 동기 등 친한 사람들이 격의 없이 식사를 함께하고 그중 한 사람이 밥값을 전부 계산하는 경우가 있습니다. 여러 명이 있는 자리에서는 일일이 한 사람씩 청탁금지법상 공직자 등에 해당하는지 확인하는 것도 쉽지 않습니다. 그러므로 직무 관련성이 있는 사람이 함께 있을지도 모르는 자리에서의 식사는 3만 원 이하로 하여 발생할 수 있는 청탁금지법 위반을 방지할 수 있습니다. 단, 직접적으로 업무 관련성이 있는 경우에는 3만 원 이하의 식사도 금지됩니다. 그렇기 때문에 학생이 담임 선생님에게 건네는 카네이션도 청탁금지법 위반이고, 대학생이 교수에게 캔커피 하나를 주는 것도 위반인 것입니다.

(9) 1백만 원 초과 금품은 무조건 받지 말자.

1회에 1백만 원, 1회계연도 3백만 원 초과 금품 등을 수수한 공직자 등은 직무 관련성을 불문하고 처벌받게 됩니다. 그러므로 공직자 등은 비록 선의로 지급되는 돈이라도 1백만 원을 초과해 받는 것은 금기시해야 합니다. 아무런 직무 관련성이 없는 사람에게 선의로 1백만 원 초과 금품이나 선물을 받았다가 처벌을 받게 되면 얼마나 억울하겠습니까? 물론 가족이나 친척 그리고 애인 등으로부터 받은 것은 해당되지 않습니다(친구로부터 받는 것은 금지). 그러나 가족이나 친척은 객관적으로 명백하나 애인은 법률상 개념이 아니므로 친구인지 애인인지 판단이 애매한 경우가 있을 수 있습니다.

(10) 마당발로 소문난 사람을 조심하자.

일반적으로 부정청탁은 제삼자를 통하거나 제삼자를 위해 이루어지는 경우가 많으므로, 소액의 금품 수수나 식사나 향응 제공 등은 모두 엄격하게 금지하자는 것이 청탁금지법의 입법 취지입니다. 이것을 염두에 두어, 주위에 아는 사람이 많고 다른 사람의 청탁을 대신해주거나 많은 사람들과 만나면서 식사나 향응을 함께하는 사람, 즉 '마당발'이라고 소문난 사람들을 조심해야 합니다. '마당발'로 불리는 사람들은 청탁이나 접대 등에 익숙해져 있으므로 청탁금지법을 위반할 여지가 많습니다. 그들과 함께 어울리다 보면 본의 아니게 부정청탁이나 금품 등의 제공에 연루될 가능성이 높으므로 주의할 필요가 있습니다.

기업이 지켜야 할 10계명

(1) 돈과 음식으로 접대하지 말고 웃음과 에티켓으로 접대하자.

한 회사에는 적게는 수십 명, 많게는 수백·수천 명의 임직원이 있을 수 있습니다. 그중 한 명이 부정청탁이나 금품 제공 등의 청탁금지법 위반 행위를 해도 양벌규정에 의해 기업도 함께 처벌받습니다. 특히 금품이나 향응 제공 등을 금지하는 것은 청탁금지법의 핵심입니다. 그러므로 기업에서는 임직원들에게 돈과 음식으로 접대하려 하지 말고, 밝은 웃음과 기분 좋은 에티켓 등으로 공직자 등과 거래처를 대하도록 장려해야 합니다.

(2) 두 번째 청탁은 피하자.

공직자의 경우 부정청탁을 처음 받으면 이를 명백히 거절하고, 두 번째로 청탁받았을 때는 소속 기관장에게 신고하도록 되어 있습니다. 소속 기관의 장에게 신고를 한다는 것은 그 기관에 부정청탁 관련 기록이 남게 되고 그에 대한 수사 의뢰나 과태료 처분 등이 이루어질 수 있다는 뜻입니다. 그러므로 기업의 경우 공직자 등에게 청탁을 하였다가 명백한 거절 의사 표시를 받았다면, 동일한 청탁을 다시 함에는 매우 신중을 기해야 할 것입니다. 물론 그 청탁이 정당한 청탁이라면 문제되지 않습니다.

(3) 청탁은 명분을 만들어 정당하게 하자.

청탁금지법은 부정한 청탁만을 금지합니다. 하지만 정당한 청탁과 부정한 청탁을 구분하는 것은 쉬운 일이 아닙니다. 부정한 청탁이란, 법령 위반, 정당한 관행에서 일탈한 행위, 지위와 권한을 벗어난 행위 등이 대표적입니다. 하지만 사회 상규에 어긋나지 않는 청탁은 예외 사항으로 허용됩니다. 물론 사회 상규에 어긋나는지 아닌지에 대해서는 구체적이고 종합적으로 판단해야 하지만, 명분이 있는 청탁이라면 사회 상규에 어긋나지 않는 정당한 청탁으로 인정되는 경우가 많을 것입니다. 그러므로 애매한 경우에는 충분한 명분을 만든 뒤 그 명분에 따라서 공직자 등을 설득해야 합니다.

(4) 청탁을 하려면 아예 공개적으로 하자.

부정청탁의 예외 사유로 '공개적으로 특정한 행위를 요구하는 경우'가 있습니다. 일반적으로 부정한 청탁은 은밀하게 이루어집니다. 그러므로 정당한 청탁인지 부정한 청탁인지 판단하기가 애매한 경우에는 아예 공개적으로 특정한 행위를 요구하여 예외 사유로 인정받을 수 있습니다.

(5) 법안이나 민원에 관한 것은 국회의원을 통해서 하자.

'국회의원 등 선출직 공직자에게 공익적 목적의 고충민원을 전달하는 행위' 역시 부정청탁의 예외 사유로 인정됩니다. 그러므로 기업의 이해관계와 공익이 서로 모순되지 않고 일치할 경우, 기업에서는 선출직 공무원인 국회의원·지방의원 등을 통해 공익을 내세운 합법적인 청탁을 할 수 있습니다.

(6) 임직원이 잘못하더라도 회사는 보호하자.

기업의 경우 임직원이 청탁금지법으로 처벌을 받으면 기업이 동시에 처벌을 받게 되고, 이에 따라 장래 기업 활동에 큰 부담이 생기게 됩니다. 그러므로 기업은 상시적인 임직원 교육 등을 통해 항상 상당한 주의와 감독을 했다는 면책 요건을 갖추어야 합니다. 또 상시적인 교육 및 감독에 대한 증빙 자료를 갖추어 만약 임직원 중 누군가가 청탁금지법 위반으로 처벌을 받게 되더라도 잘 소명하여 기업이 처벌받지 않도록 해야 합니다.

(7) 임직원 교육에는 대표이사나 오너가 직접 나서라.

임직원이 기업을 위해서 부정한 청탁이나 접대 등을 하는 것이 단기적으로 기업에 도움이 될 수는 있습니다. 그래서 기업의 대표이사나 오너가 그 부분에 대해 침묵하거나, 암시적으로 동의할 경우 임직원 등은 기업에 대한 충성심을 나타내기 위해 청탁이나 접대를 계속하게 될 가능성이 매우 높습니다. 그러므로 기업은 오너나 대표이사 혹은 기업의 최상급자가 직접 나서서 우리 기업은 편법이나 접대 등을 금하고 있으며 이를 위반하는 임직원들에 대해서는 기업에서 보호하지 않고 오히려 징계 처분 등을 내리겠다는 입장을 분명하게 임직원들에게 밝혀야 합니다. 그래야만 임직원들도 청탁금지법을 위반하는 부정한 청탁이나 접대 등을 진정으로 외면할 수 있을 것입니다.

(8) 상대방이 공직자 등인지 반드시 확인하자.

청탁금지법상 공직자 등에 해당하는 자가 누구인지 명백한 경우도 있지만 애매한 경우도 있습니다. 국가 지방공무원의 경우는 그래도 해당 여부를 쉽게 알 수 있지만 공공기관의 임직원, 사립학교 임직원, 공무수행 사인까지 나아가면 쉽게 파악하기 어려운 경우가 있습니다. 기업에서 상대방이 공직자 등에 해당하는지 정확히 확인한다면 거래처가 공직자 등일 때와 공직자 등이 아닐 때에 대한 전략을 별도로 만들어 효율적인 기업 활동을 할 수 있을 것입니다.

(9) 청탁은 제삼자를 통하지 말고 담당자에게 직접 하자.

청탁금지법은 자신의 일로 직접 청탁하는 경우에는 처벌하지 않습니다. 제삼자를 통하거나 제삼자를 위해 청탁하는 경우에만 처벌하는 것입니다. 기업의 경우, 개인 사업자가 해당 공직자 등을 직접 찾아가서 청탁하는 것은 비록 부정한 청탁이라 할지라도 처벌받지 않습니다. 그러나 법인사업자는 그 대표자가 직접 청탁을 하더라도 본인의 청탁이 아니라 법인인 제삼자를 위해 청탁하는 것으로 보아 처벌을 받게 됩니다.

제삼자를 통해 청탁하게 될 경우에는 청탁을 부탁하는 본인도 처벌받지만 그 청탁을 받아서 공직자 등에게 전달한 자는 더 엄하게 처벌하고 있으므로 청탁할 일이 있다면 본인 스스로 하는 것이 타당합니다.

(10) 경조사비 등은 중복되지 않도록 주의하자.

기업에서 경조사 등에 선물이나 부조 등을 하다 보면 임직원들과 겹치는 경우가 발생할 수 있습니다. 이때 기업에서 공동 목적을 위해 서로 모의하여 중복된 선물이나 부조 등을 제공했다면 이를 합산하여 처벌받게 됩니다. 물론 임직원 개개인이 상대방과의 친분이나 개인적인 이유로 선물이나 부조 등을 제공했다면 합산되지 않습니다. 그러므로 기업에서는 경조사 시 선물이나 부조 등을 내부적으로 협의한 뒤 여러 명이 중복해 하는 경우를 피하기 위해 주의해야 합니다.

13

알쏭달쏭 질의 62선

적용 범위에 관하여

1. 국민 전부가 청탁금지법 적용 대상인가요?

청탁금지법은 전 국민뿐만 아니라 외국인에게도 적용됩니다. 다만 부정청탁을 받거나 금품 등을 제공받는 대상은 '공직자 등'만입니다. 즉, 부정청탁을 받는 것은 공직자 등이지만 부정청탁을 하거나 금품 등을 제공하는 자에는 누구든지 해당될 수 있습니다. 그러므로 누구나 청탁금지법 내용을 숙지하고 있어야 합니다.

2. 국회의원은 청탁금지법의 적용을 받지 않나요?

국회의원도 청탁금지법 적용 대상입니다. 언론에서 국회의원은 마치 청탁금지법 적용 대상에서 예외인 듯이 보도한 사실이 있으나 그것은 부정청탁 이외에 공익적 목적으로 제삼자의 고충민원을 전달하거나 법령 기준의 제정·개정 등에 관해 제안·건의하는 행위만을 인정한다는 뜻입니다. 이는 국회의원뿐만 아니라 다른 선출직 공무원들에게도 적용됩니다. 특정인을 위한 청탁은 국회의원이라 하더라도 예외 없이 금지됩니다.

3. 행정기관에서 계약직으로 근무하는 사람들도 청탁금지법상 공직자 등에 해당되나요?

행정기관에서 계약직으로 근무하더라도 공무원 신분이 아닌 경우에는 공직자 등에 해당하지 않습니다. 다만 공직유관단체나 공공기관, 언론사, 학교 등의 임직원은 전부 공직자 등에 포함되는 것과 비교해서 형평성 논란이 일어날 수 있습니다.

4. 공직자 등의 배우자도 청탁금지법 적용 대상자인가요?

맞습니다. 공직자 등의 직무와 관련하여 배우자가 금품 등을 수령한 경우, 공직자 등은 그 사실을 알게 된 즉시 신고해야 하며 신고하지 않으면 처벌받게 됩니다. 단, 금품 등을 수수한 배우자에 대해서는 따로 처벌 규정이 없습니다. 따라서 배우자가 금품 등을 수령한 사실을 공직자 등이 그 즉시 인지하지 못했더라도 추후 인지 즉시 신고한 경우, 공직자 등과 배우자는 처벌받지 않고 제공자만 처벌받게 됩니다.

5. 은행원이나 보험회사 직원들도 청탁금지법상 공직자 등에 해당하나요?

일반적으로 은행이나 보험회사는 청탁금지법 적용 대상 기관이 아닙니다. 하지만 은행원이나 보험회사 직원 중에서도 외환 관리나 무보험 자동차 사고 보장 분야는 국가 사무를 위임받아 하는 업무이므로, 위 업무에 종사하는 자는 공무수행 사인으로 보아 공직자 등에 해당됩니다. 한편, 기업은행은 정부투자기관으로 모든 임직원이 공직자 등에 해당됩니다.

6. 공직유관단체 또는 공공기관에서 근무하는 비정규직 근로자도 청탁금지법 적용 대상자인가요?

공직유관단체 또는 공공기관과 근로계약을 하여 근무하는 근로자는 공직자 등에 해당하므로 비정규직 근로자도 이에 해당됩니다. 다만 용역 계약을 하여 용역을 제공하는 자는 근로자가 아니므로 해당되지 않습니다.

7. 언론사나 공공기관의 비상임이사도 청탁금지법 적용 대상자인가요?

언론사나 공공기관의 비상임이사 신분을 가진 자는 임직원이므로 청탁금지법상 공직자 등에 해당됩니다. 이는 공직유관단체나 다른 공공기관의 비상임이사들과도 마찬가지입니다.

8. 공무수행 사인에게 적용되는 조항과 적용되지 않는 조항은 각각 무엇인가요?

공무수행 사인은 청탁금지법 제2장 '부정청탁의 금지 등'과 제3장 '금품 등의 수수 금지 등'의 규정에 따른 각종 신고 의무가 있습니다. 다만 공무수행 직무상 관련 있는 경우만 해당되며 금품 수수의 경우 1회 1백만 원 초과 또는 1회계연도 3백만 원 초과 금품의 경우 형사처벌 대상, 위 금액 이하인 경우 과태료 부과 대상이 됩니다. 외부 강의 등 수수료 상한의 제한은 받지 않습니다.

9. 공공기관의 자회사 중 공공기관으로 지정되지 않은 기관 및 임직원도 공직자 등에 해당하나요?

공공기관으로 지정·고시된 기관은 청탁금지법 적용 대상 기관이고 지정·고시되지 않은 자회사의 임직원은 공직자 등에 해당하지 않습니다.

10. 국립대학 병원이든, 사립대학 병원이든, 사설 종합병원이든 병원에 근무하는 의사나 직원들은 전부 청탁금지법 적용 대상자인가요?

국립대학 병원의 의사나 직원들은 공무원이거나 공공기관의 임직원이므로 공직자 등에 해당되며, 시립 의료원, 지역 의료원 등도 공공기관이므로 그 임직원이나 의사 또한 공직자 등에 해당됩니다. 사립대학 병원은 학교법인이 병원을 운영하는 경우 그 임직원이 공직자 등에 해당하나, 단순한 협력 병원은 해당되지 않습니다. 그 외 사설 종합병원의 임직원들은 청탁금지법상 공직자 등에 해당하지 않습니다.

11. '공직자 등의 배우자'는 혼인신고를 한 배우자만 해당이 되나요? 사실혼 관계와 동성 부부의 경우도 포함되나요?

공직자 등의 배우자란 혼인신고를 한 법률상 배우자를 가리키는 것이므로 사실혼 관계는 해당되지 않습니다. 그러므로 아직 국내에서 혼인신고가 불가능한 동성 부부 역시 비록 가정을 이루어 생활한다 하더라도 이에 포함되지 않습니다.

12. 단순 운전직 종사자나 환경미화원도 공직자 등에 해당되나요?

단순 운전직 종사자라도 중앙행정기관의 국가공무원이거나 지방자치단체의 지방공무원인 경우 공직자 등에 해당합니다. 공무원이 아닌 운전직 근로자 혹은 용역을 통한 운전직인 경우에는 공직자 등에 해당하지 않습니다. 하지만 공직유관단체나 기타 공공기관의 근로자인 경우에는 공직자 등에 해당되며, 언론사 근로자나 학교 근로자인 경우 근로계약에 근거하는 한 공직자 등에 포함됩니다. 환경미화원은 대부분 용역 계약에 근거하므로 공직자 등에 해당하지 않는 경우가 많습니다.

부정청탁에 관하여

1. 제삼자를 통해 부정청탁을 했는데, 그 제삼자가 공직자 등에게 청탁 사실을 전달하지 않았어요. 이런 경우에도 부정청탁을 한 사람이 처벌받나요?

> 청탁금지법은 누구든지 제삼자를 위하여 또는 제삼자를 통해 부정청탁 한 사람을 처벌하므로 실제로, 공직자 등에게 부정청탁이 전달되지 않은 경우에는 처벌받지 않습니다.

2. 청탁금지법에서는 본인이 자신의 일로 청탁하는 것도 금지하고 처벌하나요?

> 자신의 업무에 관해 본인이 직접 직무 수행 공직자 등에게 부정청탁을 한 경우, 청탁금지법 위반에 해당되지만 별도의 처벌 규정을 두고 있지는 않습니다. 이때 직무 수행 공직자는 담당자와 결재권자 등을 포함합니다.

3. 자신의 부정청탁을 공직자 등에게 본인이 직접 한 경우 청탁자가 처벌받지 않는다면 그 청탁을 받고 직무를 행한 공직자 등도 처벌받지 않는 건가요?

> 이 경우 비록 청탁자 처벌 규정이 없다 하더라도 이와 같은 청탁을 받은 공직자 등이 그 청탁을 받고 부적절한 업무를 처리했다면 그 공직자 등은 청탁금지법에 의해 형사처벌을 받게 됩니다.

4. 법인의 대표자가 청탁을 한다면 자신의 청탁인가요, 제삼자를 위한 청탁인가요?

> 법인의 경우 그 대표자의 청탁은 자신의 청탁이 아니라 제삼자(법인)를 위한 청탁으로 봅니다. 부정청탁은 정상적인 법인 행위에 들어가지 않으며 대표이사 개인과 법인은 엄연히 다른 객체이기 때문입니다.

5. 공직자 등이 처음 부정청탁을 받았을 때 명백한 거절 의사를 표시했는데도 불구하고 또 다른 사람이 동일한 부정청탁을 한 경우, 이때도 다시 명백한 거절 의사만 표시하면 되나요, 아니면 신고를 해야 하나요?

> 서로 다른 사람이 부정청탁을 했다 하더라도 그 내용이 동일하다면 두 번째 부정청탁을 받았을 때 소속 기관장에게 신고해야 합니다.

6. 민원인이 공직자 등에게 부정청탁을 하며 금품 등을 제공하겠다고 거짓말하고 이를 이행하지 않은 경우 처벌을 받게 되는 건 누구인가요?

> 민원인이 공직자 등에게 부정청탁을 하며 금품 등을 제공하겠다고 약속한 말이 거짓이라 하더라도 청탁금지법 위반에 해당합니다. 또한 공직자 등이 민원인으로부터 기만당했더라도 금품을 건네겠다는 제의를 받았음에도 명백한 거절 의사를 표시하지 않았거나 신고하지 않는 것은 청탁금지법 위반입니다.

금품 수수에 관하여

1. 청탁금지법이 소위 마당발을 잡기 위한 법인가요?

마당발이란 사회에 학연·지연 등 인맥이 많고 이를 활용하는 사람을 말하는 것이며 청탁금지법에서는 제삼자를 통한, 혹은 제삼자를 위하여 부정청탁을 하는 것을 금합니다. 금품 수수 금지는 직무와 관련이 있다면 적은 금액이라도 무조건 처벌하며 직무와 관련이 없는 경우라도 1회 1백만 원을 초과한 금품 등을 제공하면 처벌합니다. 소위 마당발이라고 하는 사람들은 자신의 인맥을 통해 청탁하여 처벌 대상이 되는 경우가 많습니다. 청탁금지법의 본래 취지가 마당발을 잡기 위한 것은 아니지만 법의 특성상 이들의 활동에 많은 제약이 생길 수밖에 없습니다.

2. 공직자 등의 배우자가 공직자 등의 직무와 관련된 금품을 수수했다면 이 배우자도 청탁금지법에 따라 처벌받나요?

청탁금지법에 금품을 수수한 배우자에 대한 처벌 규정이 따로 있지는 않습니다. 다만 배우자가 공직자 등과 공모했거나 대가성 수수임을 알고서도 받은 경우 형법상 수뢰죄 등에 해당될 수 있습니다.

3. 경조사의 경우 10만 원 이하 허용이라고 하는데 그 경조사의 대상 범위는 어떻게 되나요?

>경조사비의 지출도 사교·의례적인 범위 내에서만 허용되므로 경조사는 공직자 등의 본인과 직계 가족의 결혼식, 장례식에 한정된다고 봐야 합니다.

4. 식사 3만 원, 선물 5만 원, 경조사 10만 원은 항상 가능한가요?

>위에 명시된 금액은 원활한 직무 수행 또는 사교·의례 목적으로 제공되는 경우에 한한 예외적 허용입니다. 그러므로 이 외에 합리적 이유가 없는 식사 대접 및 선물 제공은 금지됩니다. 또한 직접적인 업무 관련성이 있는 모든 경우는 아무리 적은 금액이라 하더라도 청탁금지법 위반에 해당합니다. 예를 들어, 평소 친분이 전혀 없던 공직자 등에게는 경조사비를 제공할 수 없으며, 공직자 등과 친분이 있는 사이라 하더라도 결혼식이나 장례식 등 경조사가 아닌 돌잔치에 금전 등을 제공하는 것은 원활한 직무 수행 또는 사교·의례 목적으로 보지 않습니다.

5. 청탁금지법에 명시된 금액은 부가세 포함 기준인가요?

>물건을 구매할 경우 부가세가 포함되는 것이 당연하므로 청탁금지법에 명시된 금액은 모두 부가세 포함 기준입니다. 다만 택배비와 같은 운송비는 포함하지 않습니다.

6. 연인이 공무원 등에 해당할 경우 150만 원 이상의 선물이나 금품을 제공할 수 없나요? 동성 연인의 경우는 어떤가요?

연인 사이에서 150만 원 이상의 선물을 주고받는다고 해서 사회 상규에 반하는 것은 아니므로 청탁금지법 위반에 해당하지 않습니다. 동성 연인의 경우도 마찬가지입니다.

7. 친족으로부터 받은 금품은 괜찮다고 하던데, 그렇다면 공직자 등의 친족을 통해 금품을 전달하는 것은 상관없나요? 또 그 친족의 범위는 어디까지인가요?

공직자 등의 친족을 통해 전달한다 하더라도 그 금품의 제공자가 친족에 해당하지 않는다면 청탁금지법 위반입니다. 이때 이를 전달한 친족은 공범이 되며 만약 금품과 함께 부정청탁도 전달했다면 제삼자를 위한 부정청탁에도 해당합니다. 친족의 범위는 민법의 친족 개념에 따릅니다. ※62쪽 참고

8. 여러 명이 함께 접대받은 경우 처벌 기준은 본인 것을 1/n로 나눈 금액인가요?

공직자 여러 명 혹은 공직자 1인을 포함한 여러 명이 함께 식사나 향응을 제공받은 자리에서 한 사람이 한꺼번에 계산했을 때, 그 접대 내용을 개인별로 구분 가능하다면 자신의 몫에 해당하는 금액을 기준으로, 접대 내용을 개인별로 구분하기 어렵

다면 전체 접대 금액을 참가 인원수로 나눈 기준으로 처벌합니다. 만약 이때 접대받는 공직자 등이 자신의 지인을 불러 함께 접대받았다면 그 지인의 몫은 해당 공직자 몫에 포함합니다.

9. 공직자 등이 한 회사의 전무이사, 부장, 과장으로부터 각각 고급 손목시계, 해외여행권, 식사 대접을 받은 경우 제공 내용을 따로 계산하나요?

아닙니다. 한 회사의 전무이사, 부장, 과장으로부터 받은 제공 내역의 목적이 동일하고 시간적 근접성이 인정된다면 그 공직자 등은 제공 내역들의 합산 금액을 기준으로 처벌받게 됩니다. 이때 전무이사, 부장, 과장은 각자 제공한 내역의 금액에 대해서도 책임져야 하며 양벌규정에 따라 소속 회사 역시 함께 처벌받게 됩니다.

10. 공직자 등이 업무 관련 회의 후 저녁 식사를 접대받고 카페에서 커피 한 잔을 마셨다면 접대받은 금액에 커피값도 포함되나요?

이때의 식사와 커피는 시간적, 장소적 근접성이 있으므로 합산하여 1회로 간주됩니다. 따라서 공직자 등은 합산한 금액에 따라 처벌받게 됩니다.

11. 할인된 금액으로 구입한 선물을 공직자 등에게 전달했다면 수령 금액 기준은 할인된 금액인가요, 아니면 할인되기 전 금액인가요?

할인된 금액으로 구입한 선물이라면 할인된 금액을 기준으로 합니다. 즉, 제공자가 실제로 지출한 금액을 기준으로 처벌 여부를 결정합니다.

12. 공직자 등의 직장 동료가 함께 점심 식사 후 그중 한 사람이 계산했다면 일인당 식사 금액이 3만 원 이상이어도 상관없나요?

일반적으로 직장 동료와의 식사 금액은 3만 원 이하이거나 이상이어도 사회 상규에 어긋나지 않는다고 봅니다. 하지만 직장 동료라 하더라도 간접적으로나마 업무 관련이 있다면 3만 원 이상의 식사는 청탁금지법 위반이 될 소지가 있으며 직접적인 업무 관련이 있다면 3만 원 이하의 식사라도 청탁금지법 위반이 될 수 있습니다. 예를 들어 재무과에 근무하는 직원과 그 재무과에서 처리하는 업무에 감사권이 있는 감사실 직원이라면 둘 사이에는 직접적인 업무 관련이 있다고 봅니다.

13. 공직자 등의 하급직이 식사 후 상사의 식대까지 계산했을 경우 그 금액이 3만 원 이하이거나 이상이어도 상관없나요?

직장 상사는 자신의 하급직에 대해 업무상 지시·감독할 권한이 있으므로 직접적인 업무 관련이 있는 관계라 할 수 있습니다. 따라서 하급직이 상사의 식대까지 계산하는 행위는 금액 상관없이 청탁금지법 위반이 될 수 있습니다.

14. 공직자 등의 상급직이 식사 후 하급직의 식대까지 계산했을 경우 그 금액이 3만 원 이하이거나 이상이어도 상관없나요?

직장의 상급직이 하급직과 식사를 하고 계산한 식대가 3만 원 이하라면 위로·격려 차원의 제공으로 인정될 가능성이 높습니다. 하지만 직접적인 업무 관련이 있거나 조건이 붙은 경우에는 3만 원 이하라도 청탁금지법 위반이 될 수 있습니다.

15. 골프장 회원이 아닌 공직자가 회원 대우를 받을 수 있도록 골프 접대를 해줄 경우 그 혜택이 5만 원 이하라면 선물의 일종으로 보아 허용될 수 있나요?

골프 접대는 원활한 업무나 사교·의례적인 목적으로 볼 수 없으므로 금액과 관계없이 청탁금지법 위반입니다.

16. 공직자 등이 자신의 소속 공공기관에서 주최하는 각종 행사에 경품 등을 찬조해줄 것을 직무 관련자에게 요구한 경우 처벌 대상이 되나요?

네, 처벌 대상입니다. 비록 공직자 등 자신이 직접 제공받는 것이 아니더라도 금품 등을 요구하는 것은 청탁금지법에 위반됩니다.

17. 공직자 등이 직무와 관련된 민원인 자녀의 결혼식에 참석하여 3만 원 이상의 식사를 한 경우 청탁금지법 위반인가요?

결혼식에서 방문객들에게 식사를 대접하는 것은 불특정 다수에게 공평하게 접대하는 것이므로 이러한 경우 공직자 등이 대접을 받았다 하더라도 청탁금지법 위반으로 보지 않습니다.

18. 직무와 관련된 공직자의 승진 소식에 5만 원 이하의 동양란을 선물로 보내려고 하는데 괜찮을까요?

선물하고자 하는 물품이 5만 원 이하이고 승진 축하 선물이라 하더라도 직무와 관련이 있는 경우에는 청탁금지법 위반에 해당합니다. 승진 선물은 반드시 필요한 것이 아니므로 사교·의례적인 것으로 보기 어렵기 때문입니다.

19. 공직자 등과 함께 식사한 직무 관련자의 계산 금액이 3만 원을 초과한 경우 어떻게 해야 하나요?

공직자 등이 원활한 업무를 위해 직무 관련자들과 식사를 했는데 그 금액이 일인당 3만 원을 초과했다면 공직자 등은 그 초과분을 스스로 부담해야 청탁금지법에 위반되지 않습니다.

20. 민간 기업 다섯 개 사가 추진하는 협력 사업에서 해당 업무 담당자 다섯 명과 담당 공직자 한 명이 총 30만 원짜리 식사를 했습니다. 민간 기업

담당자들은 각자 자신의 몫 5만 원을 계산한 뒤 추가로 1만 원씩을 더 걷어 담당 공직자의 식대를 지불했습니다. 이 경우 각각의 민간 기업 담당자들은 공직자의 식대로 1만 원씩만 지급한 것이므로 식대 3만 원의 범위 내로 보아 허용되나요?

> 허용되지 않습니다. 협력 사업 관계자 다섯 명이 1만 원씩 돈을 모아서 지급했다면 그것은 위 5명이 공범 관계에 놓이는 것이며 결과적으로 합계 금액이 3만 원을 초과하므로 청탁금지법에 위반된다고 봅니다.

21. 공직자 등이 직무 관련자로부터 2만 원 상당의 식사 대접을 받고 4만 원의 상품권을 선물로 받은 경우 식사와 선물이라는 각각의 한도를 넘지 않았으므로 허용되는 건가요?

> 식사와 선물이 중복되는 경우, 둘은 각각 허용 범위 내에 있어야 하고 동시에 그 합산한 금액이 허용 금액의 큰 항목을 넘지 않아야 합니다. 이 경우 식사 2만 원과 선물 4만 원은 각각의 허용 범위 내에 있지만 합산 금액이 6만 원으로 큰 항목인 선물 5만 원을 초과하므로 청탁금지법 위반에 해당합니다.

22. 공직자 등의 배우자도 공직자 등과 동일하게 1백만 원 초과 금품 등의 수수는 업무 관련성이 없어도 금지인가요?

> 공직자 등의 배우자는 금액의 많고 적음에 상관없이 업무 관

련성이 있는 경우에만 금품 등의 수수가 금지가 됩니다. 그리고 공직자 등은 청탁금지법에 금지된 금품에 대한 수수가 있는 경우에만 신고 의무가 있으므로 직무와 관련이 없는 경우엔 신고할 의무가 없습니다.

23. 직무 관련자가 특정 식당을 정하여 미리 결제해두고 공직자 등이 3만 원 이하의 식사를 할 수 있도록 한 경우도 청탁금지법 위반인가요?

3만 원까지의 식사를 허용하는 것은 원활한 업무 등을 위해서 예외적으로 허용하는 것이므로 식사를 함께한 것이 아니라 단순히 식사비 결제만 해주는 것은 청탁금지법 위반에 해당합니다.

24. 직무 관련자가 공직자 등과 함께 골프를 친 다음 각자 계산은 하였지만 직무 관련자가 골프장 회원권을 가지고 있어 공직자 등이 일반인의 그린 피 15만 원이 아닌 회원가인 7만 원만 납부한 경우, 위반이 되나요?

골프를 함께 치고 각자 계산을 하였다고 하더라도 회원권을 가진 직무 관련자의 혜택으로 회원 그린 피를 납부하고 금전적 이득을 본 것이 있다면 금액에 상관없이 청탁금지법 위반에 해당합니다. 골프는 업무의 원활과는 무관한 것이기 때문입니다.

25. 공직자가 직무 관련자로부터 동일한 날에 점심 3만 원, 저녁 3만 원, 헤어질 때 선물 5만 원짜리를 제공받은 경우 청탁금지법 위반인가요?

같은 날에 점심, 저녁, 선물을 제공받은 경우는 시간적·장소적 근접성이 있으므로 1회에 해당하고 그 합산한 금액이 허용품목의 큰 항목인 선물 5만 원 기준을 초과하므로 청탁금지법 위반입니다.

26. 선물 5만 원의 범위 내에는 택배비 또는 우편비 등이 포함되나요?

선물 5만 원의 금액에 택배비나 우편비 등 운송비는 포함되지 않습니다. 하지만 선물의 포장비는 포함됩니다.

27. 경조사비로 15만 원을 받았다면 5만 원만 반환하면 되는 건가요?

그렇습니다. 경조사비의 허용 한도인 10만 원을 초과하여 15만 원을 받은 공직자 등이 그중 5만 원을 즉시 반환한다면 청탁금지법에 위반되지 않습니다.

28. 5만 원을 초과한 7만 원짜리 선물을 받은 경우 2만 원만 반환하면 되는 건가요?

선물의 경우에는 보통 분할이 불가능하므로 선물 전체를 반환해야만 청탁금지법에 위반되지 않습니다.

29. 대학원생이 석·박사 학위 논문을 통과하기 위해 논문 심사를 받고 심사 위원인 담당 교수에게 7만 원 상당의 식사를 대접했다면 청탁금지법 위반인가요?

> 대학원생의 석·박사 학위 논문 심사가 끝난 다음 식사를 하는 경우도 직무 관련성이 있다고 볼 수 있습니다. 그러므로 식사 금액이 3만 원을 초과했다면 청탁금지법 위반에 해당합니다.

30. 직무와 관련하여 알게 된 공직자 등을 집으로 초대하여 음식을 제공한 경우에도 식사비 3만 원 한도가 적용되나요?

> 공직자를 집으로 초대하여 식사를 하는 경우에는 식사 재료비를 기준으로 하여 3만 원의 한도를 산정합니다.

31. 공직자 등이 요구하지 않았음에도 민원인이 자발적으로 선물이나 금품 등을 책상에 놓고 간 경우에도 청탁금지법 위반에 해당하나요?

> 이 경우 공직자 등이 이를 그대로 둔 채 상당 시간이 경과했다면 청탁금지법 위반이 될 가능성이 있습니다. 공직자 등은 해당 물품을 누가 두고 간 것인지 확인하여 지체 없이 반환하고 소속 기관장 등에게 신고해야 합니다.

32. 공직자 등의 집으로 배달을 선물을 누가 보내온 것인지 알 수 없는 경우라면 어떻게 해야 하나요?

집으로 배달 온 선물의 제공자를 알 수 없다면 소속 기관의 청탁 방지 담당관과 상담하여 처리하여야 합니다. 그리고 소속 기관장 등에게 즉시 신고해야 합니다.

33. 공직자 등이 직무 관련 업체로부터 20만 원 상당의 상품권을 받았다가 그다음 날 돌려주었다면 청탁금지법 위반이 아닌가요?

공직자 등이 금품 등을 제공받았을 때 '지체 없이' 반환해야 하는데, 하루가 경과한 경우에는 지체 없이 반환했다고 보기 어렵습니다. 다만 하루가 늦어진 정당한 이유가 있다면 면책될 수 있습니다.

양벌규정에 관하여

1. 회사에 직원이 5백 명인데 그중 한 사람만 잘못해도 기업이나 사업주가 처벌받나요?

네, 그렇습니다. 아무리 임직원이 많은 회사라 하더라도 그중 한 사람이 부정한 청탁이나 금품 제공 등으로 청탁금지법을 위반해도 기업이나 사업주가 동시에 처벌을 받게 됩니다. 그러므로 이를 방지하기 위해 평소 기업이나 사업주가 위반 행위 주의·감독을 게을리 하지 않았다는 것을 입증하면 면책받을 수 있다는 규정이 별도로 마련되어 있습니다.

2. 임직원이 처벌을 받으면 회사도 처벌받는다는데, 처벌 내용도 동일한 건가요? 예를 들어, 임직원이 징역형이면 회사의 대표이사에게도 징역형이 선고되나요? 법인 회사가 아닌 개인 사업의 경우라면 그 사업주에게 징역형이 선고되나요?

임직원이 부정한 청탁이나 금품 제공 등으로 청탁금지법을 위반하여 처벌받는 경우, 회사나 사업주가 함께 처벌받기는 하지만 무조건 임직원과 동일한 강도의 형사처벌이나 과태료를 선고받는 것은 아닙니다. 위반 행위를 한 임직원과 회사는 위반의 정도가 다르며 회사는 면책받을 여지가 있기 때문입니다. 임직원이 징역형을 선고받더라도 회사나 사업주는 벌금이나 과태료만 처분받습니다. 그리고 회사에 대한 처벌은 대표이사 개인에 대한 처벌과는 다릅니다.

3. 언론사의 임직원이 직무 관련성이 있는 중앙행정기관의 공무원에게 금품 등을 제공한 경우 언론사도 양벌규정에 따라서 처벌받나요?

양벌규정에 따르면 금품 등을 제공하거나 부정청탁을 한 임직원이 소속된 법인이나 단체도 함께 처벌받습니다. 하지만 이때 공직자 등은 제외입니다. 언론사 임직원은 청탁금지법상 공직자 등에 해당하므로 이 경우 양벌규정이 적용되는 것이 아니라 언론사 임직원 개인의 위반 행위로만 처벌됩니다.

4. 학교 교사나 언론사 기자가 관련 국가기관 공무원에게 금품 등을 제공하여 청탁금지법을 위반한 경우, 그들이 소속된 학교나 언론사 그리고 공무원이 소속된 국가기관 등도 양벌규정에 따라서 처벌을 받나요?

청탁금지법은 금품을 제공한 자가 공직자 등에 해당할 경우 양벌규정에서 제외하고 있으므로 학교나 언론사는 처벌 대상이 되지 않습니다. 또한 공무원이 소속된 국가기관은 별도의 법인격이 없으며, 국가공무원의 사용자인 국가가 국가 자신에게 형벌이나 과태료 등의 처분을 하는 것이 불가능하므로 양벌규정이 적용되지 않습니다.

기타에 관하여

1. 청탁금지법 위반 사실을 확인하고 신고하기 위해 증거를 확보하는 과정의 불법 행위는 면책 사유가 되나요?

청탁금지법 위반 행위를 적발하여 신고하기 위한 증거 확보 과정이라 하더라도 위법 행동을 하게 될 경우 그에 대한 민·형사적인 책임이 면책되지는 않습니다. 특히 다른 사람의 대화를 녹취하는 등 사적인 정보를 위법적으로 수집한다면 통신보호법 위반이나 개인정보보호법 위반 등에 해당할 수 있습니다.

2. 직무 관련성이 그렇게 중요한가요? 직무 관련성이란 정확히 무엇인가요?

직무 관련성은 청탁금지법에서 매우 중요한 개념입니다. 1회 1백만 원을 초과하지 않는 금액 수수가 청탁금지법 위반이 되려면 직무 관련성이 있어야만 합니다. 또한 배우자의 금품 수수가 금지되는 경우도 직무 관련성이 있을 때만 성립되며, 공직자 등이 외부 강연료 상한에 제한을 받는 것도 직무 관련성이 있는 경우만을 가리킵니다. 공무수행 사인의 경우에도 직무 관련성이 있는 경우에만 부정청탁이나 금품 수수 등이 청탁금지법 위반이 됩니다.

3. 청탁금지법으로 처벌받으면 다른 법으로 이중 처벌을 받지는 않나요?

청탁금지법 위반으로 처벌을 받았더라도 다른 법에 저촉되면 동시에 처벌받습니다. 하지만 하나의 행위가 두 개 이상의 법 규정을 위반하게 될 경우 '상상적 경합'이라고 하여 그중 더 중한 규정에 따라서만 처벌받게 됩니다. 만약 양 규정의 요건이 달라 여러 법을 위반하게 된다면 '경합범의 법리'에 따라서 가중처벌될 수 있습니다. 반대로 이미 과태료 처분을 받았는데 형사처벌 역시 받게 되면 과태료 처분은 하지 않거나 취소해주도록 하고 있습니다.

4. 과태료 처분과 벌금형이나 징역형은 각각 어떻게 다른가요?

청탁금지법 위반에 대한 법은 제22조(벌칙), 제 23조(과태료 부과)에서 ① 3년 이하 징역 또는 3천만 원 이하 벌금, ② 2년 이하 징역 또는 2천만 원 이하 벌금, ③ 1년 이하 징역 또는 1천만 원 이하 벌금, ④ 3천만 원 이하 과태료, ⑤ 2천만 원 이하 과태료, ⑥ 1천만 원 이하 과태료, ⑦ 5백만 원 이하 과태료, ⑧ 금품 등 가액의 2배 이상 5배 이하에 상당하는 금액의 과태료, 이렇게 8단계로 나누어서 규정하고 있습니다.

「청탁금지법」 제22조, 제23조

1) 3년 이하의 징역 또는 3천만 원 이하의 벌금.

　가. 제8조 제1항을 위반한 공직자 등.
　나. 자신의 배우자가 제8조 제4항을 위반하여 같은 조 제1항에 따른 수수 금지 금품 등을 받거나 요구하거나 제공받기로 약속한 사실을 알고도 제9조 제1항 제2호 또는 같은 조 제6항에 따라 신고하지 아니한 공직자 등.

　다. 제8조 제5항을 위반하여 같은 조 제1항에 따른 수수 금지 금품 등을 공직자 등.
　라. 제15조 제4항에 따라 준용되는 「공익신고자 보호법」 제12조 제1항을 위반하여 신고자 등의 인적 사항이나 신고자 등임을 미루어 알 수 있는 사실을 다른 사람에게 알려주거나 공개 또는 보도한 자.
　마. 제18조를 위반하여 그 업무 처리 과정에서 알게 된 비밀을 누설한 공직자 등.

2) 2년 이하의 징역 또는 2천만 원 이하의 벌금.

　가. 제6조를 위반하여 부정청탁을 받고 그에 따라 직무를 수행한 공직자 등.
　나. 제15조 제2항을 위반하여 신고자 등에게 「공익신고자 보호법」 제2조 제6호가목에 해당하는 불이익 조치를 한 자.

다. 제15조 제4항에 따라 준용되는 「공익신고자 보호법」 제21조 제2항에 따라 확정되거나 행정 소송을 제기하여 확정된 보호 조치 결정을 이행하지 아니한 자.

3) 1년 이하의 징역 또는 1천만 원 이하의 벌금.

가. 제15조 제1항을 위반하여 신고 등을 방해하거나 신고 등을 취소하도록 강요한 자.
나. 제15조 제2항을 위반하여 신고자 등에게 「공익신고자 보호법」 제2조 제6호나목부터 사목까지의 어느 하나에 해당하는 불이익 조치를 한 자.

4) 3천만 원 이하의 과태료.

가. 제5조 제1항을 위반하여 제삼자를 위하여 다른 공직자 등에게 부정청탁을 한 공직자 등.
나. 제15조 제4항에 따라 준용되는 「공익신고자 보호법」 제19조 제2항 및 제3항(같은 법 제22조 제3항에 따라 준용되는 경우를 포함한다)을 위반하여 자료 제출, 출석, 진술서의 제출을 거부한 자.

5) 2천만 원 이하의 과태료.
제5조 제1항을 위반하여 제삼자를 위하여 공직자 등에게 부정청탁을 한 자.

6) 1천만 원 이하의 과태료.
제5조 제1항을 위반하여 제삼자를 통하여 공직자 등에게 부정청탁을 한 자.

7) 5백만 원 이하의 과태료.
제10조 제5항에 따른 신고 및 반환 조치를 하지 아니한 공직자 등.

8) 금품 등 가액의 2배 이상 5배 이하에 상당하는 금액의 과태료.

가. 제8조 제2항을 위반한 공직자 등.
나. 자신의 배우자가 제8조 제4항을 위반하여 같은 조 제2항에 따른 수수 금지 금품 등을 받거나 요구하거나 제공받기로 약속한 사실을 알고도 제9조 제1항 제2호 또는 같은 조 제6항에 따라 신고하지 아니한 공직자 등.
다. 제8조 제5항을 위반하여 같은 조 제2항에 따른 수수 금지 금품 등을 공직자 등 또는 그 배우자에게 제공하거나 그 제공의 약속 또는 의사 표시를 한 자.

5. 청탁금지법에 의하면 공공기관의 장은 법 위반 사례에 대해서 관할법원에 과태료 처분 요청을 할 수 있는데, 그렇다면 언론사 사장이나 사립학교의 교장 등도 법 위반 사례에 대해서 법원에 과태료 처분 요청을 할 수 있나요?

언론사와 사립학교는 청탁금지법 적용 기관이므로 언론사 사장과 사립학교 교장은 청탁금지법상 공공기관의 장으로 볼 수 있습니다. 따라서 법원에 과태료 처분을 청구할 수 있습니다.

6. 청탁금지법상 공공기관의 장은 법 위반 사례가 발견되면 수사기관이나 법원 등에 통보해야 하는데 만약 공공기관의 장 본인이 청탁금지법을 위반한 경우에는 누가 통보를 해야 할까요?

공공기관의 장은 해당 기관 내에 청탁방지 담당관을 지정하도록 되어 있습니다. 공공기관의 장 본인이 청탁금지법을 위반하는 사례가 발생한다면 청탁방지 담당관이 수사기관이나 법원 등에 통보해야 합니다.

7. 청탁금지법 위반 행위에 대해 공공기관의 장은 이를 조사하여 수사 대상인지 과태료 처분 대상인지 등을 판단해 수사기관이나 법원 등에 통보하도록 되어 있다는데요. 그렇다면 언론사나 학교 등의 장도 자체적으로 청탁금지법 위반 행위에 대해 조사하여 결과를 통보할 권한이 있나요?

그렇습니다. 언론사나 학교 등도 청탁금지법상 공공기관에 해당되므로 언론사 대표나 학교 기관장 등은 청탁금지법에 대해 자체적으로 조사하고 그 결과가 형사처벌 대상인 경우에는 수사기관, 과태료 처분 대상인 경우에는 법원에 통보를 할 권한이 있습니다.

14

사례 연구 29선

부정청탁 사례

1. A는 외아들의 병역 면제 요건이 부족함에도 신체검사에서 면제 판정을 받게 하려 했다. 그래서 A씨는 평소 친분이 있던 병무청 간부 B에게 병역 판정 검사장의 군의관 C가 아들에게 병역 면제 판정을 내리게 해달라고 아들 몰래 청탁을 하였다.

> A는 제삼자를 위해(가족인 아들도 제삼자입니다). 부정청탁을 하였으므로 청탁금지법 위반으로 2천만 원 이하의 과태료, B는 공직자로서 제삼자를 위해 부정청탁 하였으므로 3천만 원 이하의 과태료에 처해집니다. C는 청탁받을 당시 즉시 명백한 거절 의사 표시를 하였으면 청탁금지법 위반이 아니나, 만약 청탁을 받고 면제 판정을 내렸다면 2년 이하의 징역 혹은 2천만 원 이하의 벌금에 처하게 됩니다.

2. A는 아버지 B가 건설 산업 현장에서 퇴근하는 길에 사고가 나서 산업재해 보상보험을 신청을 하였다. 알고 보니 아버지는 산업재해 보상보험의 수령 요건을 갖추지 못하였는데, A는 그럼에도 보험금을 수령할 수 있도록 도와달라고 아버지 몰래 보험 담당자 C에게 부탁하였다.

> A는 제삼자를 위하여(가족인 아버지도 제삼자입니다). 부정청탁을 하였으므로 청탁금지법 위반으로 2천만 원 이하의 과태료에 처하나, B는 그 사실을 몰랐으므로 청탁금지법상 처벌 대상이 아닙니다. C는 청탁받은 즉시 거절 의사를 표시해야 하고, 만약 A의 부정한 청탁에 따라 업무를 수행하였다면 2년 이하 징역형이나 2천만 원 이하 벌금형에 처해지게 됩니다.

3. A는 아버지의 암 수술을 위해 병원을 알아보던 중 사립대학교에서 운영하는 종합병원에 현재 입원실과 수술 일정이 전부 잡혀 있어서 1개월간 입원이 불가하다는 사실을 알게 되었다. A는 해당 병원 원무과에 근무하고 있는 고등학교 친구 B에게 입원실과 수술 일정을 조속히 잡아줄 수 없겠느냐고 부탁하였다. 또한 그곳이 안 될 것을 대비하여 같은 여건에 있는 개인 종합병원 원무과에 근무하는 친구 C에게도 같은 부탁을 하였다.

> 사립대학교에서 운영하는 종합병원 임직원들은 학교법인의 임직원으로서 공직자 등에 해당합니다. A는 제삼자를 위해 부정청탁을 하였으므로 청탁금지법 위반으로 2천만 원 이하의 과태료에 처해지고, 이때 B가 거절 의사를 명백히 표시하지

않았다면 B 또한 징계 대상이 될 수 있습니다. 만약 B가 이 부정한 청탁에 따라서 직무를 수행했다면 징역 2년 이하 혹은 2천만 원 이하의 벌금에 처해질 수 있습니다. 개인 소유의 종합병원 임직원은 공직자 등에 해당하지 않으므로 그 임직원에게 부정청탁을 하였다고 하더라도 청탁금지법 위반에는 해당하지 않습니다.

4. 치킨 프랜차이즈 사업으로 돈을 번 A는 경기도 인근에 집을 지으려고 개인 명의로 별장 부지를 구입했다. 건축 허가 신청을 했는데 건폐율이 너무 낮아 건물 면적이 너무 좁아지자, 군청의 건축 허가 담당자를 찾아가 건폐율보다 좀 더 넓게 건축 허가를 내달라고 요청하였다.

이 경우 A가 자신의 민원을 직접 요청한 것이므로 그 내용이 부정한 것이라 하더라도 청탁금지법상 처벌 규정이 없으니 처벌받지 않습니다. 하지만 이때 담당 공무원은 거절 의사를 명백히 표시해야 하고 만약 그 부정청탁을 받아 업무를 처리한다면 2년 이하의 징역이나 2천만 원 이하의 벌금에 처해지게 됩니다.

5. A 주식회사 대표이사 B는 회사의 본사 건물 건축을 위해 허가 신청을 하며 조속한 건축 허가를 위해 구청의 담당 공무원을 찾아가서 일부 절차를 생략해줄 것을 부탁하였다.

B는 비록 A 주식회사의 대표이사이지만 부정한 청탁은 정상적인 주식회사의 직무 범위 내라고 볼 수 없고 법인격도 다르므로 이는 제삼자를 위한 청탁에 해당합니다. 따라서 2천만 원 이하의 과태료에 처할 수 있습니다.

6. 관련 법령에 따라 평정評定 대상 공무원에 대한 서열 명부 및 평정 순위가 정해졌는데도 광역자치단체장인 A는 평정 대상 공무원 B의 부탁을 받고 평정권자 C에게 B의 평정 순위를 변경해 서열 명부를 새로 작성하도록 지시하였다.

공무원 B는 자신의 청탁을 한 것이므로 형사처벌은 아니지만 징계 처분 대상은 될 수 있습니다. 광역자치단체장인 A는 위 평정권자 C의 지휘 감독권자로서 직무를 수행하는 공직자에 해당하므로 2년 이하의 징역 혹은 2천만 원 이하의 벌금에 해당하는 형사처벌을 받아야 합니다. 평정권자 C는 B의 부탁이 제삼자를 통한 청탁에 해당하기도 하므로 이에 대해서 명백히 거절 의사를 표시했어야 하는데, 만약 그 청탁에 따라서 서열 명부를 새로 작성하였다면 2년 이하의 징역이나 2천만 원 이하의 벌금에 처하게 됩니다.

7. 중앙행정기관에서 실시하는 계약직 공무원 채용 시험에 중앙부처의 국장 A의 딸 B가 응시하였고 A 국장은 면접 위원인 인사과장 C에게 B의 면

접 점수를 높게 주어 합격시켜달라는 부탁을 하였고 인사과장 C는 이 말을 듣고 모의 면접 점수를 높게 주어 합격되도록 하였다.

중앙부처의 국장 A는 제삼자를 위한 부정청탁을 하였으므로 3천만 원 이하의 과태료 대상이며 인사과장 C는 부정한 청탁에 따라서 업무를 진행하였으므로 2년 이하의 징역 혹은 2천만 원 이하의 벌금에 처하게 됩니다.

8. 고등학교 2학년에 재학 중인 A는 1학기 중간고사 영어 시험에서 70점을 받았다. 해당 학교 수학 교사였던 A의 아버지 B는 영어 교사 C에게 A의 영어 점수를 올려줄 것을 부탁했고, C는 A의 점수를 90점으로 수정해주었다.

학교의 임직원도 청탁금지법상 공직자 등에 해당합니다. B는 공직자이면서 제삼자를 위해 부정청탁을 하였으므로 3천만 원 이하의 과태료 대상이며, 이를 수행한 영어 교사 C는 2년 이하의 징역 혹은 2천만 원 이하의 벌금에 처하게 됩니다.

9. 일반 음식점 허가를 추진하던 A는 소방서의 소방 점검을 통과해야만 허가를 받을 수 있다는 사실을 알게 되었다. A는 소방 검사에서 하자가 있었음에도 소방서의 담당 공무원 B에게 소방 검사를 합격시켜달라고 부탁했으나 거절당했다. 그러자 그 소방서에 근무하던 친구인 C에게 다시 부탁을 하여 친구인 C가 담당 공무원 B에게 청탁을 해 소방 검사를 통과하였다.

처음에 A가 직접 소방 담당 공무원에게 청탁을 한 것은 처벌 대상이 되지 않으나, 친구인 C에게 청탁한 것은 제삼자를 통한 청탁이므로 1천만 원 이하의 과태료 대상입니다. 친구인 C는 공직자로서 제삼자를 위하여 청탁을 한 것이므로 3천만 원 이하의 과태료 처분에 해당하며 담당 공무원 B는 부정청탁에 따라서 업무를 수행하였으므로 2년 이하의 징역 혹은 2천만 원 이하의 벌금에 처하게 됩니다.

10. 어린이집을 운영하던 A는 보조금 지급 대상이 아님에도 불구하고 보조금을 받게 해달라고 지방자치단체 기초의원인 B에게 부탁하였다. 이에 B는 지방자치단체 어린이집 보조금 업무 담당자에게 A의 보조금을 지원해줄 것을 요청했고 A는 보조금을 지급받았다.

A는 제삼자를 통하여 부정청탁을 하였으므로 1천만 원 이하의 과태료 처분 대상이며 기초의원 B는 공직자가 제삼자를 위하여 부정청탁을 한 것이므로 3천만 원 이하의 과태료 처분 대상입니다.

금품 등 수수 사례

1. 제약회사에 다니는 A는 명절에 고향에 갔다가 동네 친구인 자동차 판매원 B와 중학교 교사 C를 만나 저녁을 먹고 식대 30만 원을 혼자 지불했다.

중학교 교사인 C가 공직자 등에 해당하나 제약회사에 다니는 A나 자동차회사의 판매원 B와 아무런 업무 관련이 없으므로 청탁금지법에 위반되지 않습니다.

2. A 시청 건축과에 근무하는 C가 B 시청으로 전출을 가게 되었다. 평소 C와 등산 모임에서 친하게 지내던 D는 현재 C와 업무 관련성이 전혀 없으나 장래에 C가 더 높은 직책에 올라 A 시청으로 재발령될 가능성이 있으므로 친하게 지내는 것이 좋겠다고 판단하여 전별금으로 120만 원을 주었다.

D와 C가 서로 업무 관련성이 없다 하더라도 공직자인 C가 1회 1백만 원 초과 금액을 수수하였으므로 3년 이하의 징역 혹은 3천만 원 이하의 벌금에 처하고 D 역시 동일한 기준에 의한 처벌을 받게 됩니다.

3. 설계심의분과위원회에 A 재건축조합이 제출한 설계로 지어진 도청이 심의 대상으로 상정되어 있는 상태에서, 위 조합의 조합장 B는 심의위원인 D 대학교 건축과 교수 E에게 50만 원 상당의 양주를, 감사 F에게 60만 원 상당의 양주를, 조합이사 G에게는 20만 원 상당의 식사를 대접했다.

조합장 B와 설계심의분과위원 교수 E는 교원으로서 공무수행 사인과 공직자 등의 지위에 있고 직접적인 업무 관련이 있으므로 청탁금지법 위반에 해당되며 2~5배 사이의 과태료 처분 대상이 됩니다. 또한 E는 1백~250만 원 상당의 과태료 대상, 감사 F는 120~3백만 원 상당의 과태료 대상, 조합이사 G는 40~1백만 원 상당의 과태료 대상입니다. 재건축조합은 E, F, G와 동일한 기준 처벌의 대상이나 주의·감독을 게을리하지 않았다면 면책될 수 있지만 만약 E, F, G가 공모하였다면 공범으로 처벌받게 되어 3년 이하의 징역 혹은 위 금액을 합산하여 3천만 원 이하의 벌금에 처할 수 있습니다. 더불어 위 금액을 수수한 교수 E는 1회 1백만 원 초과 금품을 수수한 것으로 인정되므로 합산 금액인 130만 원에 대한 처벌로 3년 이하의 징역 혹은 3천만 원 이하의 벌금에 처하게 됩니다.

4. 대형 식당을 운영하는 A와 담당 구청의 위생과 과장 B가 만났다. 이날 A는 식대 50만 원, 2차로 간 술집에서 술값 60만 원을 계산한 뒤 집에 가는 길에 B가 탄 택시의 기사에게 택시비 5만 원을 주며 거스름돈은 B에게 주라고 했다.

식당 운영자 A와 담당 구청의 위생과 과장 B는 업무 관련성이 있습니다. 그리고 같은 날의 식대, 술값, 택시비는 시간적·장소적 근접성이 있으므로 합산하여 1회에 지급된 것으로 봅니다. 따라서 A가 B에게 지급한 금원은 식대 25만 원, 술값 30만 원, 택시비 5만 원으로 총 60만 원입니다. 그러므로 A와 B는 120~3백만 원의 과태료에 처해질 수 있습니다.

5. A는 그 지역의 유명 인사로 상당한 재력을 보유한 사업가이다. 그는 해당 지역에 있는 장애인 특수학교에서 10년 동안 근무하다가 전출하는 교사 B에게 그동안 장애인 학교를 위해서 노력해준 것에 대한 감사의 의미로 2백만 원을 지급했다. A와 위 장애인 학교 사이에는 어떠한 사업적 연관성도 존재하지 않는다.

> A와 직무 관련성이 없다 하더라도 교사 B는 공직자 등에 해당하므로 1회 1백만 원 초과 금품을 수수하여 청탁금지법 위반에 해당됩니다. 따라서 금품 제공자 A, 수수자 B 모두 3년 이하의 징역 혹은 3천만 원 이하의 벌금에 처해질 수 있습니다.

6. A는 시청의 총무과 과장이다. 그의 초등학교 동창 B는 시청 구내식당을 위탁받아 운영하고 있다. 어느 날 B는 A의 배우자 C가 주최하는 '자원봉사자 후원의 밤' 행사에 참여하여 3백만 원의 후원금을 냈다.

> 1) C가 3백만 원의 후원금을 받았다는 사실을 A가 알지 못한 경우
> A는 알지 못하였으므로 청탁금지법 위반이 되지 않으며, 배우자 C는 청탁금지법에 위반은 되나 따로 처벌 규정이 없습니다. 그러나 B는 공직자 등의 배우자에게 금품을 제공하였고 또 그 금품이 1회 1백만 원을 초과한 데다 직무 관련성도 있으므로 3년 이하 징역 또는 3천만 원 이하 벌금에 해당하는 형사처벌을 받게 됩니다.

2) A가 C의 후원금 3백만 원에 대한 사실을 알고도 신고하지 않은 경우

A는 배우자 C로 인해 1회 1백만 원을 초과한 금품 등을 수수했으며 직무 관련성도 있으나 이 사실을 즉시 신고하지 않았으므로 3년 이하의 징역 또는 3천만 원 이하의 벌금에 처하게 됩니다. 배우자 C는 청탁금지법 위반이긴 하나 별도의 처벌 규정은 없습니다. B는 1회 1백만 원을 초과한 금품 등을 제공하였으므로 3년 이하의 징역 또는 3천만 원 이하의 벌금에 처합니다.

3) C가 3백만 원을 후원금으로 받은 사실을 알고 A가 신고한 경우

신고한 A는 청탁금지법 위반에 해당되지 않습니다. 배우자 C는 청탁금지법 위반이지만 별도의 처벌 규정이 없습니다. B는 1회 1백만 원을 초과한 금품 등을 제공했고 직무 관련성도 있으므로 3년 이하 징역 또는 3천만 원 이하 벌금에 처하게 됩니다.

7. 시청에서 취득세를 담당하는 공무원 A는 올해 1월부터 8월 사이, 같은 아파트에 살고 있는 세무사 B에게 현금 1백만 원, 상품권 250만 원 등 총 350만 원 상당의 금품 등을 제공받았다. 그러나 세무사 B는 그동안 시청에 관련된 업무를 한 적도 없고 앞으로도 할 계획이 없으며 공무원 A에게 지금까지 어떤 청탁도 한 사실이 없다.

직무 관련성이 없다 하더라도 1회 1백만 원 초과 금품을 수수

하였으므로 공무원 A는 3년 이하의 징역 또는 3천만 원 이하의 벌금형에 처하게 됩니다. 이는 공직자 등에게 금품 등을 제공한 세무사 B도 마찬가지입니다.

8. 공공기관의 자재구매과에 근무하는 과장 A와 주임 B가 이 공공기관에 납품하는 납품업자 C와 함께 식사를 했다. 이날 납품업자는 식대 60만 원, 2차로 간 술집에서 술값 3백만 원을 계산했다.

과장 A와 주임 B는 각각 식대 30만 원, 술값 150만 원을 접대받았고 이는 시간적·장소적 근접성이 있으므로 1회에 180만 원 상당의 금품 등을 제공받은 것으로 봅니다. 따라서 공무원 등에 해당하는 A와 B, 이들에게 금품 등을 제공한 C는 모두 3년 이하의 징역 또는 3천만 원 이하의 벌금형에 처해지게 됩니다.

9. 공무원 A는 아파트를 구매하면서 평소 친분이 있으나 직무 관련성은 없는 사업가 B로부터 1억 원을 빌려 쓰고 일주일 후에 곧바로 1억 원을 갚았다.

이는 소비대차 거래로 원금 1억 원을 변제했으므로 정상적인 거래로 봅니다. A가 일주일간의 이자 상당액에 대한 편의를 보기는 했으나 이 금액은 1백만 원 이하로 판단되며 두 사람 사이에 업무 관련성이 없으므로 청탁금지법 위반에 해당되지 않습니다.

10. 사립 초등학교 부설 유치원 교사 A는 담임을 맡고 있는 반 학부모 B로부터 "내 아이는 너무 혼내지 말고 다른 아이들보다 잘 대해달라"는 부탁과 함께 2백만 원 상당의 유명 브랜드 핸드백을 선물받았다.

> 공직자 등에 해당하는 유치원 교사가 업무 관련성이 있는 학부모에게 1회 1백만 원 초과 금품 등을 받았으므로 두 사람 모두 각각 3년 이하의 징역 또는 3천만 원 이하의 벌금형에 처해지게 됩니다.

11. 주택 건설 사업을 하는 사업가 A가 고등학교 동기 송년 모임에 참석했다. 모인 동기 8명 중 하나인 B는 서울시 건축담당 공무원이었다. A는 자신이 주택 건설 사업을 하고 있는데 내년에 서울로 사업을 확장하게 되면 잘 부탁한다고 하면서 송년 모임의 저녁 식사비와 술값 총 80만 원을 지불했다.

> B는 공직자이고 A와 B는 직무 관련성이 있으므로 청탁금지법 위반입니다. A가 식대 등으로 계산한 80만 원 중 B에게 제공된 것이 10만 원 상당이므로 A와 B는 20~50만 원 상당의 과태료 처분의 대상이 되며, 공직자인 B는 징계 처분도 받게 됩니다.

12. 학부형 A는 자신의 자녀가 다니는 B고등학교 수학 담당 교사 C의 정년 퇴임을 위해 송별회를 열어 1인당 7만 원 상당의 식대를 직접 계산했다.

아직 정년 퇴임 이전이면 C는 공직자 등에 해당하고 직무 관련성도 있으므로 A와 C는 각각 140만 원, 35만 원 상당의 과태료 처분을 받게 되고 C는 징계 처분도 받게 됩니다. 이때 학교 B는 국가기관이므로 양벌규정이 적용되지 않습니다.

13. 유치원생 아이를 둔 학부모 A는 아침마다 아이들을 태워가는 버스 운전기사 B에게 명절 선물로 10만 원 상당의 홍삼엑기스를 전달했다.

유치원도 교육기관으로 청탁금지법 적용 대상이므로 만약 운전기사가 위 유치원과의 근로계약을 했다면 공직자 등에 해당합니다. 그렇다면 운전기사 B와 학부모 A는 과태료 처분 대상입니다. 하지만 운전기사가 용역 계약직이라면 공직자 등에 해당하지 않으므로 청탁금지법 위반이 아닙니다.

14. 학부모 A는 아들의 담임 선생님 B에게 "좋은 일에 사용하라"며 다른 선생님들이 함께 있는 공개된 자리에서 금 50만 원을 지급하였고, B는 그 돈을 받아서 개인적으로 사용하지 않고 불우이웃돕기 단체에 기부했다.

업무 관련성이 있는 공직자 등에게 금품 등을 제공하는 행위는 해당 금품 등의 규모, 지급 장소, 사용처를 불문하고 청탁금지법 위반입니다. 따라서 학부모 A, 선생님 B 모두 청탁금지법 위반으로 과태료 처분 대상입니다.

15. A 제약회사는 최근 개발한 신제품 위장약 설명회를 하면서 그 설명회에 참가한 국립대학병원 의사 B, 사립대학병원 의사 C, 일반 개업 의사 D에게 각 10만 원 상당의 식사를 제공했다.

> 의사 세 명 모두 청탁금지법에 위반되지 않습니다. 이 경우 「의료법 시행규칙」에 '신약 제품 설명회에 참가한 의사 등에게 10만 원 범위 내에서의 식사를 제공할 수 있다'는 규정이 있으므로 다른 법령에 따라 허용되는 금품 등으로 보기 때문입니다.

16. A 가전제품 회사는 신제품 설명회를 개최하며 그곳에 참가한 국립대학교수 B에게 10만 원 상당의 식사를 대접하였다. A사가 정하고 공정거래위원회에서 승인한 '공정경쟁규약 및 세부 지침'에서는 사업자의 금품류 지원은 원칙적으로 제한하되 학술대회나 자사제품 설명회에서 10만 원 이하의 식음료 제공은 허용하고 있다.

> 이러한 경우도 청탁금지법 위반입니다. 왜냐하면 '공정경쟁규약 및 세부 지침'은 A기업에서 자체적으로 만든 사내 지침일 뿐 공공기관인 국립대학교에서 정한 규정이나 국가 법령이 아니기 때문입니다.

응용 사례 1.

가) A는 1개의 직영점과 1백 개의 가맹점을 가진 치킨 배달 전문 프랜차이즈 사업가이다. 이 사업이 성공하자 A는 업종 대표자로서 공정거래위원회 산하의 가맹사업분쟁조정위원회 위원으로도 활동하게 되었다. A의 남편 B는 지방 세무서 총무과에서 근무한다. A는 해마다 명절이면 영업에 도움을 준 단골들이나 관련 공무원들에게 감사 표시 및 홍보 목적으로 10만 원 상당의 식사권 등을 선물로 보내왔다. 올해 A는 남편 B와 절친한 직장 동료인 F를 포함한 세무서 간부 몇 명에게 각각 현금 1백만 원과 50만 원 상당의 식사권을 선물로 보냈다. 하지만 그동안 A는 남편 B의 친한 직장 동료 F 등에게 업무 관련 청탁을 한 적이 한 번도 없으며 선물은 모두 좋은 관계를 유지하기 위한 선의에서 비롯된 것이다.

나) 최근 A는 프랜차이즈 본사 사옥을 미적 감각이 뛰어난 건물로 짓고자 유명 설계사를 불러 설계하기로 했다. 그러나 미적 감각을 강조하다 보니 용적률을 초과한 7층까지 건물을 올려야만 예술성과 실용성을 동시에 보장할 수 있게 되었다. 이에 A는 직접 구청의 건축 허가 담당자 C에게 요건이 다소 미흡하더라도 지역 발전을 위해 건축 허가를 내달라고 부탁했으

나 거절당했다. A는 남편인 B에게 이 사실을 말했고, 남편 B도 공무원 C에게 거듭 부탁하였으나 다시 거절당했다.

다) 한편, 신규 가맹점을 개설한 D는 프랜차이즈 본사 사장인 A에게 자신의 아버지 E가 구내식당 운영 사업을 하시는데, A의 남편 B가 근무하는 세무서의 구내식당과 매점을 운영할 수 있게 알아봐달라며 생일에 2백만 원 상당의 핸드백을 선물했다. A는 D에게 받은 선물에 대해서는 말하지 않고 자신의 남편 B에게 현재 세무서 구내식당과 매점 운영 업체를 내보내고 D의 부친이 운영할 수 있게 해주면 안 되겠느냐고 부탁했다. 그 후 두 달이 지났지만 B에게서 아무런 대답이 없자 A는 B에게 사실은 D로부터 생일 선물로 고가의 핸드백을 받았는데 부담스러워서 돌려줘야겠다고 말했다. 그러자 다음 날 B는 A에게, 구내식당과 매점은 현재 운영자와 장기 약정 계약을 맺고 있어 D에게 양도해주는 것이 어렵다고 말했다.

라) 며칠 후, A가 운영하는 프랜차이즈 본사가 국세청으로부터 세무 조사를 받게 되었다. 담당 부서의 간부는 마침 남편 B의 친구인 F였다. A는 남편 B에게 자신의 회사가 세무 조사를 받게 되었으니 친구 F에게 부탁해 세무 조사 시 선처해달라고 말해보면 어떻겠느냐고 했으나 B는 친구 F가 알아서 해줄 것

으로 믿고 따로 부탁하지는 않았다. F는 세무 조사로 5억 원을 추징할 수 있었으나 2억 원만 추징하는 선에서 알아서 조사를 마무리했다.

[질문] A, B, C, D, E, F는 각 청탁금지법상 공직자의 신분에 해당할까?

A는 가맹사업분쟁조정위원회 위원이므로 공무수행 사인에 해당합니다. 공무수행 사인은 해당 업무와 관련해서만 공직자 등에 해당합니다. B, C, F는 공무원이므로 공직자 등에 해당하고 D, E는 공직자 등에 해당하지 않습니다.

[질문] A, B, C, D, E, F는 청탁금지법 위반 사실이 있을까? 있다면 각각 어느 정도 처벌을 받을까?

(사안 가)

A가 명절에 관련 공무원들에게 10만 원 상당의 식사권을 선물로 제공한 것은 청탁금지법 위반입니다. 따라서 제공한 금품 등의 가액 2~5배에 해당하는 20~1백만 원 상당의 과태료 대상이며, 위 선물을 받은 공직자 등은 20~1백만 원 상당의 과태료 대상임과 동시에 징계 처분 대상이 됩니다. 세무서 간부이자 B의 친한 친구인 F는 현금과 식사권을 포함하여 1회 1백만 원을 초과한 금품을 수수하였으므로 제공자 A와 수령

자 F는 모두 3년 이하의 징역 혹은 3천만 원 이하의 벌금에 처하게 됩니다.

(사안 나)

첫 번째 청탁의 경우, A가 구청 담당 공무원 C에게 자신의 청탁을 직접 한 것이므로 처벌규정이 없으며 구청 공무원 C도 이를 거절했으니 청탁금지법 위반이 아닙니다. 하지만 두 번째 청탁의 경우, A가 제삼자인 남편 B를 통하여 청탁했으므로 1천만 원 이하의 과태료 대상이며, 남편 B는 공직자 신분으로 제삼자를 위한 부정청탁을 했으므로 3천만 원 이하의 과태료 대상입니다. 담당 공무원 C는 두 번째 청탁을 받았을 때 반드시 소속 기관장에게 신고해야만 면책 사유가 성립되며 그렇지 않으면 징계 처분을 받을 수 있습니다.

(사안 다)

A는 비록 남편이지만 담당 공무원인 B에게 제삼자를 위한 청탁을 한 것이므로 2천만 원 이하의 과태료 처분 대상이며, B는 담당 공무원으로서 명백한 거절 의사 표시를 하지 않았으므로 징계 처분 대상입니다. 또한 B는 핸드백을 받았다는 말을 들었을 때 즉시 그 사실을 신고해야 했는데 만약 신고하지 않았다면 3년 이하의 징역 혹은 3천만 원 이하의 벌금에 처하게 됩

니다. D는 제삼자를 위해 부정청탁을 했으므로 2천만 원 이하의 과태료 처분 대상이며 동시에 고가의 핸드백을 업무와 관련하여 제공하기도 했으므로 3년 이하의 징역 혹은 3천만 원 이하의 벌금에 처하게 됩니다. E는 제삼자를 통해 부정한 청탁을 한 것이므로 2천만 원 이하의 과태료에 처해지게 됩니다.

(사안 라)

A는 남편인 B에게 세무 조사 선처에 대해 부정청탁을 했으나 남편 B가 담당자 F에게 청탁하지 않았으므로 A, B 모두 청탁금지법 위반으로 인한 처벌 대상이 아닙니다. F 또한 청탁받은 사실은 없지만 평소 친분을 생각하여 선처한 것에 불과하므로 청탁금지법 위반에는 해당하지 않습니다. 하지만 직무유기 등으로 인해 다른 형사처벌을 받을 수 있습니다.

응용사례 2.

A는 대학교를 운영하는 학교법인 B의 임원이다. 학교법인 B는 학생 수 감소에 대처하기 위해 신규 산업인 게임학과를 만들어보고자 노력하고 있었다. 이에 A는 교육부 소속의 간부들과 유대 강화가 필요하다고 판단하여 고교 동기인 교육부 국

장 C와 골프를 치기로 했다. A는 C에게 동반 골프를 칠 두 사람을 더 데리고 올 것을 요청하였고 C는 D 신문사에 근무하는 교육부 기자 E와 같은 아파트에 거주하는 경찰 간부 F에게 연락해 총 네 명이 함께 골프를 쳤다. 이날의 그린 피와 식대, 캐디 피 등 120만 원은 모두 A가 지불했다.

[질문] 이러한 사안에서 A, B, C, D, E, F는 청탁금지법상 각각 어떠한 책임을 져야 할까?

먼저 신분을 보면 학교법인의 임원 A, 교육부 국장 C, 언론사 직원 E, 경찰 간부 F는 모두 청탁금지법상 공직자 등에 해당합니다.

학교법인 임원 A와 이를 감독하는 교육부 국장 C는 직무 관련성이 인정됩니다. 따라서 A는 C에게 직무 관련 금품 등을 제공한 것이므로 청탁금지법 위반에 해당합니다. 이때 A가 접대에 쓴 총액 120만 원 중 C 본인과 C가 초청한 E, F 두 사람의 접대 금액이 포함된 90만 원이 C가 받은 금품 등이 되므로 A와 C는 각각 180~450만 원의 과태료 처분을 받게 되고 C는 공무원으로서 징계 처분도 함께 받게 됩니다.

한편 언론사 직원 E는 교육부 기자이므로 교육부 국장인 C와 업무 관련성이 있습니다. 따라서 접대받은 30만 원에 대해 60~150만 원의 과태료 처분과 공직자 등으로서 징계 처분을 함께 받게 됩니다. 경찰 간부 F는 업무 관련성으로 인정할 만한 사항이 없다면 청탁금지법 위반에 해당하지 않습니다.

　A는 단순히 접대만 한 상황이며 금품 제공은 청탁금지법상 양벌규정에 해당하지 않으므로 학교법인 B는 처벌 대상이 아닙니다. 같은 이유로 신문사 D 역시 소속 기자 E가 접대받았을 뿐이므로 양벌규정에 해당하지 않습니다.

응용사례 3.

B는 아시안게임에서 금메달을 획득한 데 대한 가산점으로 C대학교에 합격하였다. 그러나 금메달 획득 시점은 입학 원서 접수 이후로, 입학 당시 금메달 획득으로 인한 가산점을 받을 수 없는 상태였다. 알고 보니 B의 어머니 A가 C대학교 단과대학 학장 F를 찾아가 자신의 딸 B가 입학 원수 접수 시 금메달을 획득하여 가산점을 받은 것으로 해달라고 부탁했고 학장 F가 이를 승낙해준 것이었다. 위 학장의 지시를 받은 입학사정관 D는 B가 합격 성적에 미치지 못하였음에도 불구하고 금메달 획득 가산점을 더하여 합격 처리하였다.
　대학에 입학한 후 B는 훈련 및 대회 참가 등 기타 개인 사정으로 출석 일수가 부족하여 학점을 취득할 수 없게 되었다. B는 담당 교수 E를 찾아가 출석으로 인정될 만한 공식적 근거가 없는 결석을 출석으로 인정해달라고 부탁했으나 거절당하자 이를 어머니 A에게 알렸다. A는 교수 E를 찾아가 딸 B의 결석을 출석으로 처리해달라고 요구하였으며 A가 권력 있는 인물임을 알아차린 E는 B의 결석을 출석으로 처리하고 학점을 주었다.

[질문] 이러한 사안에서 A, B, C, D, E, F의 청탁금지법 위반 내용은 뭘까?

A는 '제삼자'인 딸 B의 대학 입학을 위해 학장 F에게 부정청탁하였고, 이후 담당 교수 E를 찾아가 결석을 출석으로 인정해달라고 부정청탁하였으므로 각각 2천만 원 이하의 과태료 처분을 받을 수 있습니다.

공직자 등인 학장 F는 입학에 관해 제삼자를 위한 부정청탁을 했으므로 3천만 원 이하의 과태료 처분과 징계 처분을 받을 수 있습니다.

C대학교는 학장 F의 소속 기관이지만 학장 F가 공직자 등에 해당하여 양벌규정에는 해당하지 않기 때문에 별도의 처벌을 받지 않습니다.

입학사정관 D는 학장 F가 지시했다 하더라도 공직자 등의 신분으로 부정한 청탁에 따라 업무를 수행했으므로 2년 이하의 징역 또는 2천만 원 이하의 과태료 처분과 징계 처분을 받을 수 있습니다.

공직자 등인 대학교수 E는 부정한 청탁에 따라 출석 처리를 했으므로 2년 이하의 징역이나 2천만 원 이하의 과태료 처분과 징계 처분을 받을 수 있습니다.

B의 경우, 어머니인 A가 학장 F에게 입학 관련 부정청탁한 사실을 B가 몰랐다면 B는 처벌 대상이 아닙니다. 또한 B 자신이 교수 E를 찾아가서 결석을 출석으로 인정해달라고 요구한 것은 비록 부정청탁이긴 하나 자신의 청탁이므로 처벌 대상에서 제외됩니다. 그러나 이를 어머니 A에게 말하여 교수 E가 출석 인정을 처리하도록 한 것은 제삼자를 통한 청탁이므로 1천만 원 이하의 과태료 처분 대상이 됩니다.